動物の系列学習心理学

矢澤　久史

三恵社

まえがき

　本書は、1930年代から現在まで約90年間綿々と続いている動物の系列学習に関する研究の展開についてまとめたものである。1つの研究テーマの流行は長くても10年以内であると言われており、動物における系列学習について90年間に渡り研究が展開されていたことは驚くべきことである。しかも、系列学習自体の研究の始まりをEbbinghaus（1885）まで遡れば、研究の歴史は130年を超えることになる。

　その長い歴史の中にはPavlov、Skinner、Hull など初期の学習心理学を担ってきた大家の存在が根底にあり、フラストレーション理論と系列理論に代表される部分強化理論の展開、記憶弁別理論と法則符号化理論の対立、さらに系列位置学習が加わり、そしてチャンキング、遠隔予期、計数など、様々なテーマに姿を変えながら、1本の糸のように研究の流れが受け継がれている。

　本書の大きな目的は、1つ1つ別のテーマとして行われてきた研究が全体として1つの系列学習研究としてまとめることができることを示すことにある。S-R理論から認知的アプローチへの変遷、つまり、動物学習心理学から動物認知学習心理学への大きな流れについて、系列学習研究を通して描くことができるのではないかと思う。

　1つの研究が発表当時よりも数年、あるいは数十年経ってその価値を高め、輝きを増すことがある。2020年という現時点から各研究の意味づけを考えながら、それぞれの研究が1つのドラマを形成するように、この90年間の系列学習の展開を追うことにする。

目次

まえがき ・・・ 1

目次 ・・ 2

序章　系列学習研究の流れ ・・・・・・・・・・・・・・・・・・・・・・ 8

第1章　部分強化研究の展開 ・・・・・・・・・・・・・・・・・・・・・・ 9

第1節　部分強化研究の萌芽と意義　9

　1-1　初期における部分強化研究　9

　1-2　部分強化研究の意義　10

第2節　Bitterman の弁別仮説　10

　2-1　弁別仮説の枠組み　10

　2-2　弁別仮説のその後と意義　11

第3節　Amsel のフラストレーション理論　12

　3-1　フラストレーション理論の枠組み　12

　3-2　フラストレーション理論に対する批判　13

第4節　Capaldi の系列（Sequential）理論　15

　4-1　系列理論の枠組み　15

　4-2　系列理論に対する検討　17

　4-3　系列理論に対する批判　18

第5節　Capaldi の強化レベル理論　19

　5-1　強化レベル理論の枠組み　19

　5-2　強化レベル理論による強化移行効果の説明　20

　5-3　強化レベル理論の検証　22

　　5-4　強化レベル理論の意義　23

　第6節　部分強化から系列学習へ　24

第2章　系列学習を巡る Hulse と Capaldi の対立　⋯⋯　26

　第1節　人間における系列学習　26

　　1-1　Hull の連合連鎖理論　26

　　1-2　認知的アプローチ　27

　第2節　系列学習研究の始まり　28

　　2-1　Hulse & Campbell(1975)の研究　28

　　2-2　Hulse & Campbell(1975)の問題点と意味づけ　28

　第3節　Hulse の法則符号化理論（Rule encoding theory）　29

　　3-1　法則符号化理論の枠組み　29

　　3-2　転移実験による法則符号化理論の検証　30

　第4節　Capaldi の記憶弁別理論　32

　　4-1　部分強化研究から系列学習研究への橋渡し　32

　　4-2　記憶弁別理論の枠組み　33

　　4-3　転移実験による記憶弁別理論の検証　36

　第5節　Hulse の二元論的アプローチによる反論　37

　第6節　Hulse の二元論に対する検討　39

　　6-1　Roitblat, Pologe, & Scopatz(1983)による二元論の支持　39

　　6-2　Roitblat, Pologe, & Scopatz(1983)の実験結果に対する疑問　39

　第7節　Hulse の二元論に対する Capaldi の見解　41

　　7-1　Capaldi による法則符号化理論に対する批判　41

　　7-2　Haggbloom による記憶弁別理論の支持　42

　第8節　系列学習研究における Hulse と Capaldi の貢献　43

　　8-1　Hulse の貢献　43

　　8-2　Hulse と Capaldi のアプローチの違い　44

第3章　系列位置学習研究の展開 ･･･････････････････ **46**

第1節　系列位置学習研究の萌芽　46

　1-1　人間における系列位置学習　46

　1-2　ラットにおける系列位置学習研究の兆し　47

第2節　Burns による系列位置学習研究の登場　49

　2-1　Burns による系列位置学習研究の背景　49

　2-2　Burns, Wiley, & Payne(1986)による検討　50

第3節　項目間連合か系列位置か(1)－同じ試行数からなる系列　51

　3-1　Capaldi & Miller(1988a)による項目間連合　51

　3-2　Burns, Dunkman, & Detloff(1999)による系列位置学習の検証　52

第4節　項目間連合か系列位置か(2)－異なる試行数からなる系列　53

　4-1　項目間連合の検証　53

　4-2　系列位置学習の検証　55

　4-3　Capaldi と Burns による結果の不一致に関する検討　56

第5節　項目間連合か系列位置か(3)－時間的手がかりと転移　58

　5-1　系列位置学習における時間的手がかり　58

　5-2　試行数が異なる系列への転移による検討　59

第6節　系列学習における反応パターンの影響　60

第7節　項目間連合も系列位置学習も　62

　7-1　項目間連合と系列位置学習の混在　62

　7-2　項目間連合と系列位置学習の分離　63

第4章　計数研究の展開 ･･････････････････････････ **65**

第1節　無強化（N）試行数の計数に関する研究　65

　1-1　動物における計数研究の歴史　65

　1-2　部分強化における無強化（N）試行の計数　66

　1-3　系列位置や時間的手がかりを除去した場合のN試行数の計数　67

第2節　系列学習における強化（R）試行数の計数研究の始まり　68

2-1　２つの系列を用いた Capaldi & Miller(1988b)の実験　68

2-2　Burns による R 試行の計数実験　70

第3節　R 試行数に関する計数研究の発展（1）－カテゴリー柔軟性　71

3-1　計数原理　71

3-2　Capaldi と Burns の両者におけるカテゴリー柔軟性の検討　72

3-3　条件性数的弁別　74

第4節　R 試行数に関する計数研究の発展（2）－ 安定順序の原理　75

4-1　数的タグと安定順序の原理　75

4-2　状況に応じた計数　76

第5節　動物における計数　77

5-1　計数は最終手段か日常的なものか　77

5-2　計数以外の可能性としての項目間連合とリズムパターン　78

5-3　日常的な計数の可能性　79

第5章　チャンキング研究の展開 ・・・・・・・・・・・・・・・・・・・・・　82

第1節　分節手がかり(Phrasing cue)によるチャンキング　82

1-1　法則符号化理論に基づくチャンキング研究　82

1-2　記憶弁別理論に基づくチャンキング研究　84

1-3　他よりも短い時間間隔によるチャンキング　86

第2節　系列チャンクの成立　88

2-1　遠隔予期と系列チャンク　89

2-2　遠隔予期と当該予期の分離　89

2-3　遠隔予期ではなく、対比効果？　90

2-4　遠隔予期の確証　90

2-5　遠隔予期の優位性　92

第3節　リストチャンクの成立　94

3-1　系列チャンクとリストチャンク　94

3-2　リストチャンクの形成　95

　　3-3　異なる系列を手がかりとするリストチャンク　97

　第4節　文脈（走路）手がかりによる項目記憶の隠蔽　98

　　4-1　文脈手がかりと項目記憶の予測有効性　98

　　4-2　文脈手がかりによる隠蔽　100

　第5節　新たな研究者 Cohen の参入　100

　　5-1　T迷路を用いたリストチャンクと系列チャンクの検討　100

　　5-2　スーパーチャンクの形成に関する検討　102

　第6節　Cohen による研究の発展　103

　　6-1　予測有効性に関する検討　103

　　6-2　RNR 系列と RNN 系列の第2試行の走行分化に関する検討　105

　第7節　チャンキング研究から見た系列学習研究　107

第6章　Fountain, S.B. による研究 ・・・・・・・・・・・・・・・・・・・・・　109

　第1節　Hulse の後継者としての Fountain の研究のルーツ　109

　第2節　Fountain による新しい実験装置の開発　110

　　2-1　スキナー箱での脳内刺激　110

　　2-2　6つのレバーが並んだスキナー箱　111

　　2-3　放射状に8つのレバーを配置したスキナー箱　112

　第3節　法則構造に関する Fountain の代表的な研究　113

　　3-1　違反(Violation)パターンを用いた研究　113

　　3-2　2つのレベルの階層に関する研究　115

　　3-3　3つ及び4つのレベルからなる階層に関する研究　116

　　3-4　2つのパターンの混在について　118

　　3-5　違反(Violation)項目を含むパターンとの混在について　119

　第4節　分節手がかりに関する研究　120

　　4-1　初期の研究　120

　　4-2　短い時間間隔による分節化　121

　　4-3　分節手がかりが影響するのは法則学習か項目間連合か　123

4-4 構造的に曖昧なパターンにおける分節手がかりの効果 124

4-5 分節手がかりの位置とチャンクの長さとの関係 125

第5節 系列学習に関与する脳部位研究 126

5-1 系列学習には複数の過程が関与 126

5-2 チャンク内項目とチャンク境界項目における分節手がかり
除去の影響 128

5-3 系列学習に関与する薬物の影響 129

第6節 今後の系列学習研究の発展 130

第7章 系列学習研究の歴史を変えた7つの研究‥‥‥ 133

7-1 Bitterman, Fedderson, & Tyler(1953)の弁別仮説 134

7-2 報酬量上昇・減少系列を用いた Wike & King(1973)の研究 134

7-3 Hulse & Dorsky(1979)の系列転移実験 135

7-4 RNR系列とRNN系列を用いた Capaldi, Nawrocki, &
Verry(1983) 135

7-5 計数原理を検討した Capaldi & Miller(1988b)の計数研究 136

7-6 8方向スキナー箱を用いた Fountain & Rowan(1995b) 137

7-7 Yazawa & Fujita(1984)による短い時間間隔による分節化 137

7-8 おわりに 138

あとがき；自分の研究の歴史を振り返りながら‥‥‥‥‥ 140

引用文献 ‥‥‥‥‥‥‥‥‥‥‥‥‥‥‥‥‥‥ 146

序章　系列学習研究の流れ

　電話番号やメールアドレス、パスワードなど、我々の生活には、項目が一定の順序で生起することに意味がある様々な状況がある。このような固定された順序で生起する事象に対する学習を系列学習という。

　人間の系列学習の歴史は古く、Ebbinghaus (1885) に始まる。彼は、A-B-C 系列では項目 A に関連した刺激が項目 B を信号するというように、項目 B を信号する刺激は系列内の 1 つ前の項目から生じるという項目間連合を提唱した。

　これに対し、Ladd & Woodworth (1911) は、項目間の連合ではなく、系列内で占めている位置と項目との連合によって系列が学習されるという系列位置学習を唱えた。そこでは、A-B-C 系列の第 2 位置に連合した刺激が項目 B を信号するというように、刺激は系列内の項目の位置から生じると考えられた。

　Crowder & Greene (2000) は、人間の系列学習に関する文献をレビューし、系列学習とそれに関連した心理過程を理解することは、Ebbinghaus の研究以来、常に学習と認知に関する研究の中心的な問題であったことを指摘している。

　動物、特にラットにおける系列学習に関する研究も、現在まで途切れることなく長い間に渡り激しい議論がなされてきた。部分強化理論 (e.g., Amsel, 1958, 1967; Bitterman, Fedderson, & Tyler, 1953; Capaldi, 1966, 1967, 1971) の検討に始まり、系列学習を巡る Hulse の法則符号化理論 (Hulse, 1978) と Capaldi の記憶弁別理論 (e.g., Capaldi & Molina, 1979) との対立を経て、系列位置学習 (e.g., Burns, Kinney, & Criddle, 2000)、計数 (e.g., Capaldi, 1993) やチャンキング (e.g., Capaldi, Miller, Alptekin, Barry, 1990) などの研究を巻き込み、現在では Hulse の流れを受け継いだ Fountain (eg., Fountain, 2006, 2008) がその中心になり、精力的に研究を展開している。

　本書では、ラットの系列学習を巡る 1930 年代の部分強化研究から現在までの約 90 年間に渡る研究の歩みについて検討する。

第 1 章　部分強化研究の展開

　系列がどのように学習されるかという系列学習研究の萌芽は、1930年代のオペラント条件づけ場面におけるSkinner(1934)と、古典的条件づけ場面でのHumphreys(1939ab)の論文に端を発する部分強化研究に遡ることができる。

　第 1 章では、部分強化研究の萌芽と意義、習得期と消去期の強化系列の類似度に注目した弁別仮説（Bitterman, Fedderson, & Tyler, 1953）、最も多くの実験が行われ体系的理論化がなされたフラストレーション理論（Amsel, 1958, 1967）と系列理論（Capaldi. 1966, 1967, 1971）、新しい独自の見解を示した強化レベル理論（Capaldi, 1974, 1978）をそれぞれ検討しながら、部分強化研究の展開を見ていくことにする。

第 1 節　部分強化研究の萌芽と意義
1-1　初期における部分強化研究

　部分強化は初期の心理学において、全く関心を持たれていなかったわけではない。Jenkins & Stanley(1950)によれば、1912年にPlatnovは条件反応が一旦確立されれば、無条件刺激を毎日の第 1 試行のみに提示するだけで条件反応が維持できることを示していたという。同様にPavlov(1927)は、条件刺激の提示ごとに無条件刺激を対提示する必要はなく、1 回おき 2 回おきに対提示しても条件づけが成立したことを報告している。しかし、初期の古典的条件づけの研究者は部分強化を手続きとしては用いていたものの、彼らの関心は条件づけの成立過程にあり、消去に対する効果を見逃していた。

　部分強化が消去に及ぼす効果を最初に示したのは、フリーオペラント場面でバー押しの一部に強化を与えた方が連続強化よりも消去抵抗が大きいことを示したSkinner(1934)である。さらに、Humphreysは1930年代後半から40年代にかけて眼瞼反射(1939a)、言語反応(1939b)、皮膚電気反射(1940)などの一連の実験

によって連続強化よりも部分強化の方が消去抵抗は大きいという部分強化効果を分離試行場面で明らかにした。

1-2　部分強化研究の意義

　部分強化効果は当時の学習理論を支配していたHull(1943)の強化理論に反するものであった。Hullの理論では、外的刺激と道具的反応間に学習性結合（習慣強度；sHR）が成立し、習慣強度と消去抵抗は共に強化試行数の増加関数であると考えられていたので、部分強化よりも強化数の多い連続強化の方が消去抵抗は大きくなる。

　しかし、部分強化の方が消去抵抗は大きいという部分強化効果は、Humphreysが示した眼瞼反射、言語反応、皮膚電気反射といった限られた場面でしか生起しない特殊な現象ではなく、ほとんどの学習場面で得られる現象であった。Seligman & Meyer(1970) が指摘しているように、ラットが水を得るためにバー押しをする場合でも、餌を得るために直線走路を走る場合でも、連続強化よりも部分強化の方が消去抵抗は大きい。さらに、ラットや人間に限らず、多くの種に渡って見られる現象である（藤田，1969）。

　部分強化効果は一般性の高い現象であるのにもかかわらず、Hullの強化理論が適用できないことから、Humphreysの研究以降盛んに実験が行われ、多様な理論が提唱されてきた。1970代前半までの部分強化に関する初期のレビューとして、Jenkins & Stanley(1950)、Lewis(1960)、Robbins(1971)の3論文があり、そこだけでも①反応ユニット、②刺激残効、③弁別、④二次強化、⑤期待、⑥拮抗反応、⑦認知的不協和、⑧フラストレーション、⑨系列、という9種類の仮説があげられている。

第2節　Bitterman の弁別仮説

2-1　弁別仮説の枠組み

　Mowrer & Jones(1945)は、スキナー箱を用いて、強化率が低いほど消去抵抗は大きいことを見出し、消去抵抗は習得期と消去期の系列間の類似度によって決

定されることを示唆した。その後、この考え方は、Bitterman, Fedderson, & Tyler(1953)によって弁別仮説として発展された。弁別仮説によれば、連続強化の場合には習得期と消去期における系列の差が大きいので、系列間の弁別が容易となる。これに対し、部分強化では習得期と消去期との間の弁別が困難であるため、ラットは消去期でも反応し続けてしまい、部分強化の方が消去抵抗は大きくなると言う。

　部分強化では、強化試行と無強化試行の配置を変えることによっていろいろな系列を作ることができる。最も簡単な系列は、強化(R)試行と無強化(N)試行が1試行ずつ交互に行われる単一交替系列（RNRNRN…）である。Tyler, Wortz, & Bitterman(1953)は、不規則系列よりも単一交替系列の方が消去は早いという弁別仮説に一致する結果を報告している。そこでは、不規則系列よりも単一交替系列では習得期と消去期の系列間の弁別が容易であるので、消去が早められたと考えられた。

　Tyler et al.の実験では、習得期の70試行目あたりから無強化試行よりも強化試行での走行が速いという走行分化が見られ、ラットが習得期に単一交替系列を学習していたことが示されていた。これは、部分強化研究のかなり初期の段階において、系列学習の成立が示唆されていることを示すものであった。しかし、当時の関心は消去抵抗にあったため、その重要性はほとんど注目されていなかった。

2-2　弁別仮説のその後と意義

　弁別仮説は、一貫して連続強化を与えられた群よりも部分強化訓練後に連続強化が行われた群の消去抵抗が大きいという強化移行効果（eg., Leung & Jensen,1968; Theios,1962）を説明できなかった。弁別仮説によれば、両群とも消去期の前に連続強化を受けているので、習得期と消去期を弁別する難易度に差はなく、したがって、消去抵抗にも差が生じないことになる。

　このように弁別仮説に当てはまらない結果が報告され、弁別仮説は徐々に廃れていった。しかし、部分強化は各試行で何が起きているかという試行ごとの

分析では理解できない現象であり、この点において、ラットが強化事象の全体的な系列を学習していると考えるゲシタルト的なレベルの分析を提供したことに、弁別仮説の大きな意味がある。なぜならば、1970年代終盤以降に法則構造を重視する理論が注目を浴びるからである。動物の学習における認知的傾向を先取りしていたという意味において、Bitterman の考え方は高く評価すべきである。

第3節　Amselのフラストレーション理論

3-1　フラストレーション理論の枠組み

　弁別仮説は習得期と消去期における強化系列の違いという巨視的な観点で部分強化を扱っていた。これに対し、Amsel(1958, 1967)のフラストレーション理論は、試行内で生起しているメカニズムを重視する微視的な理論であった。

　外的刺激と道具的反応との結合を重視し、強化試行数と消去抵抗間に正の関係を仮定した Hull(1943)の強化理論では、部分強化効果を説明できなかった。そこで Amsel(1958, 1967)は、強化試行で生じる内的刺激に行動を喚起させる機能を仮定していた Hull(1952) の考えを無強化試行にも拡張した。そして、動物の内部に刺激（内的刺激）を求め、無強化試行の機能を重視する方向へと向かった。Amsel は、無強化によって生じる内的な情動状態に行動を喚起させる動因としての機能を仮定し、この内的状態をフラストレーションと呼んだ。そして、フラストレーションが刺激と反応を媒介すると考えた。したがって、フラストレーション理論は、Hull-Spence 派の媒介理論(Spence, 1956)の発展型として、S-R 理論の枠組みで捉えることができる。

　Amselの理論は、予期的目標反応（rg）とそのフィードバックである予期的目標刺激（sg）からなる媒介過程（rg-sg）を基盤とし、部分強化過程を次のように4段階に分けた（Amsel & Ward, 1965参照）。

　　①第1段階：強化試行は予期的報酬反応（rR）の条件づけに作用する。しかし、rR が十分発達するまで無強化試行ではフラストレーションは生じない。

②第 2 段階：rR が十分に発達し、道具的反応を喚起させるようになると、無強化試行は一次性フラストレーション（RF）を生起させる。さらに、予期的フラストレーション（rF）も成立し始める。

③第 3 段階：予期的フラストレーションによる刺激（sF）が回避反応を引き起こし（sF-Ravoidance）、予期的報酬反応による刺激（sR）は接近反応を生じさせる（sR-Rapproach）ので、コンフリクト状態になる。

④第 4 段階：部分強化訓練をさらに続けると、予期的フラストレーションによって生じた刺激（sF）が強化試行で強化され、sR と同様に接近反応をひきおこす（sF-Rapproach）。

以上の 4 段階のうち、部分強化効果を生起させる重要な部分は、第 4 段階のsF-Rapproachである。部分強化群では習得期に予期的フラストレーションによる刺激が接近反応に結びついている（sF-Rapproach）ので、無強化試行が連続する消去期でも接近反応は消去しにくい。一方、連続強化群では消去期に初めて無強化試行を受けるので、無強化によって生じたフラストレーションは回避反応のみを生起させ、消去を促進させる。よって、連続強化よりも部分強化の方が消去抵抗は大きくなる。

Amselの理論は、報酬強度が大きいほど部分強化効果が促進されるという実験結果（Wagner, 1961; Ison & Cook, 1964）をうまく説明する。報酬強度が大きいほど、無強化試行でのフラストレーション強度は強まる。部分強化群ではより強い強度のsFが接近反応と結合するのに対し、連続強化群では消去時の回避反応がより強められる。つまり、報酬強度が大きいほど、部分強化群の消去抵抗は増大し、逆に連続強化群では消去が早まるので、結果として部分強化効果は促進される。

3-2　フラストレーション理論に対する批判

部分強化の 4 段階説では、中心メカニズムであるsF-Rapproachは最終段階である第 4 段階で成立する。逆に、部分強化の習得が第 4 段階に達しない場合には、部分強化効果は見られない。Amsel & Ward（1965）によれば、60試行の訓

練ではsF‐Rapproachは成立しない。フラストレーション理論では、部分強化効果を生じさせるためにはかなりの訓練試行数が必要とされた。

　ところが、McCain(1966)の画期的な研究により、極めて少ない訓練試行後にも部分強化効果が見出された。第1試行が無強化試行、第2試行が強化試行というわずか2試行の訓練後に部分強化効果が示されたのであった。この少数試行部分強化効果はMcCain以後も多くの研究者が報告し（eg., Capaldi, Lanier, & Godbout, 1968; Padilla, 1967）、部分強化には多数の訓練試行は必要ではないことが疑いない事実となった。

　Amselのフラストレーション理論では、予期的フラストレーション（rF）が成立する以前に、強化試行で予期的報酬反応(rR) が十分発達していなければならない(部分強化の第1・第2段階）。しかし、McCain(1966) の実験では、強化試行が無強化試行に先行しなくとも部分強化効果が示された。Spear & Spitzner(1967) は、強化試行に先立って無強化試行を12試行連続して与え、部分強化効果を得た（初期無強化効果）。

　さらにCapaldi, Ziff, & Godbout(1970) は、2試行の強化試行に無強化試行を2試行先行させただけで部分強化効果を得、初期無強化効果を少数試行訓練下で報告した。Capaldi et al.はこの結果から、強化試行が無強化試行に先行しない場合にはこの無強化試行でフラストレーションが生起するとは考えられないとしてAmselの理論を批判した。そして、強化試行が無強化試行に先行することは部分強化効果が得られるための必要条件ではないことを主張した。部分強化効果にはかなりの訓練試行が必要となることも否定され、Amselの理論の中核である4段階説は崩されたのであった。

　Amselの理論に対するもう1つの批判は、この理論では強化系列の効果を扱うことが不可能であるというものである。Amselの理論では、予期的報酬反応(rR)や予期的フラストレーション(rF)の発達を規定するのは、強化と無強化の各試行数に関する変数であった。つまり、試行数に関する変数が同一であれば、強化系列がいくら異なっても消去抵抗には差は生じないことになる。これに対しCapaldi(1970)は、強化系列が違えば動物は異なる事象を学習することを主張

した。さらに、強化系列を重視した自らの系列理論（1966, 1967）に対し、Amsel の理論を非系列理論として分類した。

　Capaldiは、系列理論と非系列理論は相容れないものであり、非系列理論では学習現象を扱えないとしてAmselの理論を否定し、強化系列の重要性を強調した。実際、多くの実験（eg., Capaldi, 1964; Tyler, Wortz, & Bitterman, 1953）により、試行数や強化率が同一であっても、強化系列が異なれば消去抵抗に差が示されることが報告されている。具体的な実験を考えても、試行数、強化率、報酬強度と同様に、強化系列は実験者が操作できる主要な変数である。文脈は異なるが、Skinner派では強化スケジュールが理論の中心を占めている。

　Amselは彼の理論体系を1967年にまとめたが、強化系列に関してほとんど言及していない。この点について Capaldi(1971) は、4段階説によって部分強化効果を説明した後のAmselの研究がフラストレーション自体へ向けられたことが原因であると指摘している。Amsel(1972)の関心は弁別学習などの他の学習現象をフラストレーション概念によって説明する方向へ移り、部分強化に関して十分な検討を行わずに理論化を急いでしまったようである。

第4節　Capaldiの系列（Sequential）理論
4-1　系列理論の枠組み

　Capaldi(1966, 1967, 1970, 1971)は、無強化によって生じる内的刺激を重視しながらも、強化系列による消去抵抗の差を説明できる理論を打ち立てた。Capaldi自身がこの理論を系列理論と呼んでいることからわかるように、フラストレーション理論とは異なり、そこでは強化系列の重要性が強調されていた。Amselの理論は、強化試行での sR の条件づけと無強化試行での sF の条件づけという2つの条件づけを考え、動物が強化と無強化に対し別個に反応することを仮定するという試行内事象を重視したアプローチであった。これに対し Capaldi の系列理論は、ある試行での刺激が後の試行で条件づけられることを仮定し、試行間事象を重視した。

　Capaldi(1966) によれば、強化、無強化はそれぞれ内的な弁別刺激 S^R、S^N を

引き起こし、S^Nは次試行で強化が与えられた時にのみ、そこで道具的反応と条件づけられる。歴史的には、無強化試行での内的刺激が次試行で強化を受けた時に道具的反応と条件づけられることを提唱したのは Sheffield(1949)であった。Sheffieldは、内的刺激として時間的に衰退する末梢感覚的な刺激痕跡を仮定した。これに対し、Capaldi & Spivey(1964) は、S^RとS^Nを時間的に衰退せず、以前に生起した場面へ動物が戻された時にのみ思い出されるという場面依存的特質を持つ中枢性の記憶（memory）であると同定した。

　Capaldi(1966) によれば、無強化試行が連続するとS^Nは漸進的に変容する。1回の無強化試行の結果である刺激S^{N1}は2回無強化試行が連続した時の刺激S^{N2}とは量的にも質的にも異なる。この変容プロセスは$\Delta S^N \rightarrow 0$となる単純増加関数に従う。つまり、刺激変容S^{N1}, S^{N2}, S^{N3}, …, S^{Nk}は近似的に対数スケールの連続体に沿って配列される。刺激変容は強化試行でS^{Nk}が道具的反応と条件づけられた時、あるいは消去時のように連続的に無強化試行が行われ、変容プロセスが最大値に達した時に完了する。

　このようにCapaldiの系列理論では、無強化試行に強化試行が後続することと無強化試行が何試行連続したかが意味を持つ。そこで考案された変数がN-R移行数とN-lengthである。N-R移行数とは無強化試行に強化試行が後続した回数のことを言う（Capaldi & Hart, 1962）。N-lengthとは強化試行の介入なしに連続して行われた無強化試行数を指す（Capaldi, 1964）。

　例えば NNRRNRという強化系列では、第2試行から第3試行、第5試行から第6試行の2回においてN-R移行がなされているので、N-R移行数は2となる。N-lengthに関しては N-length 2 （第1試行から第2試行にかけて）と N-length 1 （第5試行）という2種類のN-lengthがそれぞれ1回ずつ生起している。Capaldi(1966)は、強化系列とは独立である強化試行数、無強化試行数、強化率を非系列変数と呼び、N-R移行数と N-lengthを系列変数と名づけ、両変数を明確に区分した。

　系列理論では無強化がk試行連続した後に強化試行が行われた時、そこでS^{Nk}と道具的反応間に習慣強度の成立を仮定する。また、習慣強度は S^{Nk} に関

するN-R移行数（S^{Nk} が強化を受けた回数）とその時の報酬強度の増加関数であると考えられている。消去期は単にS^{N1}, S^{N2}, S^{N3}, ・・・・, S^{Nk}という無強化刺激系列の提示であるので、消去抵抗は習得期での各S^{Nk}の道具的反応に対する条件づけの強さ（習慣強度）によって決定される。

4-2　系列理論に対する検討

　消去抵抗に及ぼすN-R移行数とN-lengthの効果を調べるために、単一交替系列と不規則系列が比較されることが多い。試行数が同一の時、単一交替（RNRNRN…）はN-lengthは常に 1 であり、他のいかなる系列よりもN-lengthは短い。逆に、N-R移行数が最大となるのも単一交替系列である。

　Capaldi ＆ Hart(1962) は、訓練試行が18試行と27試行のいずれにおいても、単一交替系列の方が不規則系列よりも消去抵抗が大きいことを報告した。これに対しCapaldi ＆ Minkoff(1967) は、160訓練試行後では不規則系列の方が消去抵抗は大きいことを示した。以上の 2 つの結果から Capaldi(1967)は、消去抵抗は少数訓練試行ではN-R移行数の増加関数、多数訓練試行ではN-lengthの増加関数であると考えている。

　消去抵抗に影響を及ぼす変数の 1 つとして、強化率がある。強化率の減少に伴い、消去抵抗は増加する（Weinstock, 1954, 1958）。しかし、一般的に不規則系列の場合、強化率が低いほど確率的には長い N-length を有することになる。Capaldi ＆ Stanley(1963) はこの点に注目し、低強化率群よりも高強化率群の方がN-lengthが長い系列を作り、強化率とN-lengthを分離させた。その結果、長いN-lengthを有する高強化率群（N-lengthは 1 と 2 と 5、強化率61%）の方が短いN-lengthしか含まない低強化率群（N-lengthは 1 と 2、強化率46%）よりも消去抵抗が大きかった。そこで、消去抵抗は本来N-lengthの増加関数であり、Weinstockの結果は強化率が低い群ほど長いN-lengthを含んでいることから、強化率ではなくN-lengthの効果が消去抵抗に反映されたものであると考えられている。

　さらに、Capaldi ＆ Kassover（1970）は RNRNN群（N-length 1，無強化試行

数3）、RNNNR群（N-1ength　3，無強化試行数3）、RNR群（N-1ength 1，無強化試行数1）の3群を比較し、消去抵抗は　RNNNR群＞RNRNN群＝RNR群であることを得た。この結果は、無強化試行数自体は消去抵抗に対し何の影響も与えず、無強化試行はN-1ength内に配置されて初めて消去抵抗を増大させるとして、N-1engthの重要性を強調する。

4-3　系列理論に対する批判

　これまで見てきたように、Capaldiの系列理論はN-R移行数、N-1engthという強化系列に関する変数を導入することによって、部分強化理論を拡張させた。ところで、系列理論は全ての部分強化現象を説明できる完璧な理論であったのだろうか。

　Sutherland, Mackintosh, & Wolfe(1965) は、60試行の部分強化後に連続強化を100試行ったP-C(Partial - Continuous) 訓練と、部分強化を60試行行っただけのP訓練との間には消去抵抗の差はないのに対し、部分強化の前に連続強化を行ったC-P訓練はP訓練よりも消去抵抗が小さいこと（消去抵抗の大きさはP-C訓練＝P訓練＞C-P訓練）を報告した。

　後にSutherland ＆ Mackintosh(1971)は、系列理論では説明できない現象として、C-P訓練が消去抵抗を弱めたこの1965年の実験をあげている。連続強化が部分強化の前か後のいずれに置かれても、また、部分強化のみであってもN-1ength、N-R移行数は同じである。したがって、系列理論では消去抵抗は　P-C訓練、P訓練、C-P 訓練とも同じ大きさになることが予測され、P-C訓練＞C-P訓練という強化移行実験における消去抵抗の差は扱えない。C-P訓練が消去抵抗を弱めることは Leung ＆ Jensen(1968)も報告している。

　強化移行実験に関して、Traupman, Amsel, & Wong (1973)やMellgren, Lombardo, Wrather, & Weiss(1973)は、Amselの理論の立場で、C-P訓練のC期におけるrRやP期でのsF 強度に基づいた説明を試みている。Mellgren et al. は、N-R移行数、N-1engthという系列変数が同一であるスケジュール間の消去抵抗の差を系列理論で説明するためには、S^Nがフラストレーション要素を持つという考えを付加

すべきであると主張している。

　それでは、Capaldiは強化移行実験で得られた結果を系列理論に基づいて説明するためにどのような実験を行い、理論を展開していったのだろうか。

第5節　Capaldiの強化レベル理論
5-1　強化レベル理論の枠組み

　強化移行実験ではスケジュールが変化するだけで、移行の前後では同じ報酬強度が用いられていた。移行の前後で報酬強度も移行させるという新しい試みを行ったのは、Capaldi(1974)である。CapaldiはC-P訓練におけるC期での報酬強度がP期よりも大きい群（C10-P6：連続強化では10ペレット、部分強化では6ペレット）と、逆にC期の報酬強度の方が小さい群（C1-P6）を作った。同様に、P-C訓練においてもC期での報酬強度がP期よりも大きい群（P6-C10）と小さい群（P6-C1）、さらに、部分強化しか受けない統制群（P6）が作られた。その結果、C-P訓練であるC1-P6群の消去抵抗が非常に大きく、逆にP-C訓練であるP6-C1群の消去抵抗が極めて小さいことがわかった。

　消去抵抗がC-P訓練によって強められ、P-C訓練によって弱められたという強化移行における提示順序の交互作用は、それまで報告されていた結果(eg., Theios, 1962; Suterland & Mackintosh, 1971)とは一致しない。報酬強度に関してCapaldi(1974)の結果を検討すると、C1-P6群は小報酬から大報酬に移行した時に遂行が上昇するという正の対比効果を示し、一方、P6-C1群は負の対比効果を表していた。Capaldi は、P-C・C-P現象、正・負の対比効果を含め、広く部分強化現象を扱うことのできる理論を発展させた。それが強化レベル理論（Capaldi, 1974, 1978）である。CapaldiがC1-P6、P6-C1の消去結果をどのように説明したかを述べる前に、この強化レベル理論の枠組を見ていく。

　Capaldi(1978) は、強化と無強化が行動に及ぼす効果は絶対的なものではなく、相対的なものであるという立場を採った。この相対的な強化効果は動物の過去の条件づけ史に依存するという考えに基づき、道具的学習現象は以下の3つのカテゴリーに分類された。

①期待よりも高い報酬強度あるいは強化率を受ける場合（例、小報酬から大報酬への移行）。

②期待よりも低い報酬強度あるいは強化率を受ける場合（例、大報酬から小報酬への移行）。

③受けた報酬強度、強化率が期待よりもある時は高く、またある時は低い場合（例、部分強化スケジュールや弁別学習場面）。

次にCapaldi(1978)は、条件づけの強さが期待された報酬と獲得された報酬との関係、つまり強化レベルによって決定されることを仮定した。具体的には、期待報酬よりも獲得報酬が大きい場合、刺激は反応を引き起こす力を獲得し、習慣強度が蓄積される（強い条件づけ）。一方、期待報酬よりも獲得報酬が小さい場合、刺激は反応を引き起こす力の減少を被り、抑制が蓄積される（反条件づけ）。獲得報酬とはその時に与えられた報酬であるから物理的に同定される。期待報酬は訓練試行数の増加に伴い強まっていき、次第に当該の報酬条件に適合して安定する。また、期待報酬は報酬強度、強化率の増加に伴って強められる。報酬強度が一定に保たれている場合、期待報酬は強化率が高いほど大きくなる。

強化レベル理論は、条件づけ強度が物理的に定義された報酬強度によって決定されるという従来の強化理論（eg., Hull, 1943）の強化原理を、期待報酬と獲得報酬との不一致度によって条件づけ強度が決定されるという強化レベル原理に置換した。さらにCapaldi(1974, 1978)は、この強化レベル原理を系列理論に組み入れることによって、今まで他の理論では扱えなかった強化移行効果について次のように説明した。

5-2　強化レベル理論による強化移行効果の説明

強化レベル理論では、部分強化系列下での期待報酬は強化試行で得られた報酬価と無強化試行での報酬価との二者間で安定することが仮定されている（無強化試行での報酬価はこの場合ゼロである）。したがって、部分強化では強化試行での強い条件づけと無強化試行での反条件づけの両者が成立する。

　連続強化と部分強化における報酬強度が等しい場合、連続強化下の期待報酬は部分強化下の期待報酬を上まわる。そこで、連続強化後に部分強化が行われるC-P訓練では、連続強化下で形成された高い期待報酬レベルが部分強化訓練でも数試行維持される。つまり、C-P訓練は部分強化訓練のみのP訓練よりも期待報酬レベルが高い。期待報酬レベルが高いC-P訓練の強化試行では、期待報酬を獲得報酬が上まわる程度が小さいので、条件づけは弱くなる。無強化試行では逆にC-P訓練の方が、期待報酬と獲得報酬ゼロとの差が大きく反条件づけが強まり、多くの抑制が蓄積される。以上のように、Capaldi は Sutherland & Mackintosh(1971)などが報告したC-P訓練による消去抵抗の減少を強化レベル理論によって説明した。

　本節の冒頭で、C1-P6群の消去抵抗が非常に大きく、P6-C1群の消去抵抗が極めて小さいことを示したCapaldi(1974) の実験を紹介した。この実験を基に強化レベル理論が構築されたのだが、Capaldiは報酬強度に注目し、P6に連合した期待報酬レベルはC1のレベルよりも高いことを仮定した。これは、部分強化における期待報酬レベルは強化試行での獲得報酬価と無強化試行での報酬価ゼロとの二者間で安定するという論拠に基づく。

　P6-C1群ではP6期で形成された高い期待報酬レベルがC1試行でも維持されるので、期待報酬よりも獲得報酬の方が報酬価は低くなり、P6期に成立していた道具的反応を生起させるSᴺの力の一部が失われる（反条件づけ）。その結果、P6-C1群の消去抵抗はP群よりも小さくなる。これに対し、C1- P6群ではC1期に形成された低いレベルの期待報酬がP6期でも維持されるので、獲得報酬は期待報酬を上まわり、P6期においてSᴺと道具的反応間に強い条件づけがなされる。その結果、C1-P6 群の消去抵抗は非常に強くなる。

　Capaldi(1978) は強化移行効果に限らず、過剰訓練消去効果や対比効果などのそれまで学習理論の対立点であった様々な強化現象を強化レベル理論によって明快に説明した。部分強化に関してはSᴺと道具的反応間に絶対的な報酬効果をとり入れていた系列理論（Capaldi, 1967, 1971）の強化原理を、相対的な報酬効果を重視する強化レベル原理に置きかえたものが、強化レベル理論である。

したがって、強化レベル理論でも部分強化におけるS^Nの条件づけを重視しており、この点においても系列理論と強化レベル理論は相容れないものではなく、系列理論の発展型として強化レベル理論を捉えることができる。

5-3　強化レベル理論の検証

　強化レベル理論の枠組で行われた実験としてMorris ＆ Capaldi(1979)とSeybelt, Bear, Harvey, Ldwig, & Gerard(1979)が挙げられる。Morris ＆ Capaldi は系列変数（N-1ength、N-R 移行数）と無強化試行数を一定に保ち、消去抵抗に及ぼす強化試行数と報酬強度の効果について検討した。この実験では2種類の報酬強度（大対小）×2種類の強化試行数（1対3）からなる4群が比較された。無強化試行数は全群とも同じであるため、強化試行数の多い群の方が習得試行数は多くなる。実験の結果、系列変数と無強化試行数が一定であるのにもかかわらず、強化試行数が多いほど消去抵抗は小さく、この傾向は報酬強度が大きいほど顕著であった。

　Morris ＆ Capaldiは強化レベル理論に基づいた説明をした。彼らの見解によれば、強化試行数の増加に伴い期待報酬が上昇し、無強化試行時の獲得報酬（報酬価ゼロ）と期待報酬との不一致度が増加する。すると、無強化試行において抑制が発達し、その結果、消去抵抗が弱まる。また、報酬強度が大きいほど強化試行数の増加に伴う期待報酬レベルの上昇が著しいので、消去抵抗はさらに弱まる。

　Morris ＆ Capaldi（1979）が報酬強度、強化試行数の効果を扱ったのに対し、Seybert et al.(1979)は、強化率から強化レベル理論を検討した。彼らはN-1engthとN-R移行数を一定に保ち、強化率が高いほど消去抵抗は小さいことを示した。この結果は、強化率が高いほど期待報酬レベルが上昇するために、無強化試行での期待報酬と獲得報酬間の不一致度が上がり、抑制が発達することから説明された。

　また、Seybert et al. は N-1ength（1対3）と強化率（44%対75%）の2変数を組みあわせ、消去抵抗の強さは、3N44%（N-1ength 3で強化率44%）＞3N75

％＞1N44％＞1N75％となることを報告した。この結果は、強化率が等しい時にはN-1engthが長い方が、N-1ength が等しい時には強化率が低い方が消去抵抗は大きいことを示している。Seybert et al.は、強化レベル理論の系列原理（従来の系列理論）がN-1ength効果を説明し、強化レベル原理が強化率効果を説明するとして、強化レベル理論を支持した。

5-4　強化レベル理論の意義

　強化レベル理論の中心である期待報酬の生起メカニズムについて、Capaldi(1978)は、刺激と報酬が時間的に近接した時には常に期待が形成されるとして、期待は接近原理によって規定されると述べている。Capaldi によって様々な批判を受けたAmsel(1958, 1967) のフラストレーション理論では、予期的報酬反応rRが非常に重要な概念であった。Capaldiは強化レベル理論における期待概念を予期的反応として同定することに対しては否定も肯定もしていない。

　しかし、N-1ength、N-R移行数という系列変数を重視していたCapaldiが、期待という概念をとり入れた背景には、フラストレーション理論からの影響が全くなかったとは言い切れない。実際にCapaldi(1978)は、期待報酬よりも獲得報酬が小さい時には嫌悪・情動的なフラストレーション痕跡が生じることを仮定している。ただ、強化系列におけるフラストレーション痕跡の正確な効果はまだ不明瞭であるとして、強化レベル理論ではフラストレーション痕跡が完全に衰退すると考えられる分散試行に基づいた理論的数量化を試みている。

　Hulse, Egeth,＆ Dese(1980)は、当時の学習心理学のテキスト"The psychology of learning(5th ed.)"で、部分強化を説明するものとしてCapadi(1967) の系列理論が有力であると見なしている。しかし、彼らは無強化がフラストレーションとラベルされる情動状態を生じさせることは明白な事実として、最終的には系列理論とAmsel(1967) のフラストレーション理論の両者が必要であることを指摘している。

　Hulse, Egeth,＆ Deeseの著書が発行されたのが Capaldiが強化レベル理論を発表した翌年であることからか、Hulse et al.は強化レベル理論にまでは言及し

ていない。しかし、強化レベル理論は系列理論とフラストレーション理論の両者を統合していく新しい方向性を持つ理論であったのかもしれない。強化レベル理論が発展していくためには、獲得報酬と期待報酬の不一致や無強化によって生じる情動的側面に関する研究を進める必要があったと思われる。しかし、現実には、強化レベル理論を発表した後のCapaldiの興味は部分強化から離れ、部分強化理論の展開は幕を閉じてしまったかのようである。

第6節　部分強化から系列学習へ

　1960年代から70年代後半にかけて、Amsel(1958, 1967) のフラストレーション理論とCapaldi(1966, 1967) の系列理論を巡る部分強化論争は非常に活発な展開を示し、動物学習心理学における中心的なトピックの1つであった。sR、sFといった内的媒介反応に伴う内的刺激を重視するAmselの理論は、末梢的な媒介過程を採り入れたHull-Spence派の媒介理論(Spence, 1956)を部分強化に応用したものである。Amselの理論は、Hull(1943)の強化理論では説明不能だった部分強化現象をHull派の理論枠組内でなんとか説明しようと試みたものであり、完全にS-R理論の流れを汲んでいた。

　Capaldiの系列理論はS^Nと道具的反応間の条件づけを考える点において、S-R理論の特徴を持つ。しかし、系列理論ではS^NとS^Rを末梢的ではなく、中枢的な記憶とみなした。記憶過程を重視する1970年代後半からの認知的傾向を、Capaldiは1960年代にすでに捉えていたのである。

　Capaldiは、1978年の強化レベル理論では連合の強さは過去の条件づけ史に依存するという立場を採り、現時点に存在しない過去の刺激を重視した。つまり、系列理論ではS^Nの特質に関しては認知的立場、S^Nの条件づけについてはS-R的立場をとっていたCapaldiは、強化レベル理論においてはS^Nの条件づけに関しても認知的立場を採るようになった。

　Capaldi(1978)は、強化レベル理論を構築する際にRescorla-Wagnerモデル(Rescorla & Wagner, 1972)の影響を受けたと述べている。Rescorla-Wagnerモデルは古典的条件づけの認知モデルであるので、強化レベル理論は道具的条件づけ

に関する認知モデルとみなすことができる。

　このように見ていくと、S-R 理論の枠組内に位置するAmselの理論、S-R理論と認知的傾向が同居した系列理論、認知的傾向がより強まった強化レベル理論というように、部分強化理論はS-R理論から認知的理論へと姿を変えていったことがわかる。この部分強化理論の展開過程は、S-Rから認知へと変遷していった動物認知学習心理学の流れを非常によく反映している。

　第5節の最後に触れたように、強化レベル理論は発展の余地が全くない完全な理論とは言えない。しかし、強化レベル理論をもって、1940年代から40年あまりに渡って展開した部分強化論争は1つの終着点に到達したかのように、1980年代に入ると部分強化研究の数は激減する。その代わりに強化レベル理論の発表以後、新しい論争の場を提供しているのが系列学習である。

　第2章では部分強化研究から発展した系列学習研究について見ていくことにする。

第2章　系列学習を巡るHulseとCapaldiの対立

　人間の学習・記憶分野における認知研究からの影響を受け、動物学習においても認知的傾向が示され始めたのは、1960 年代後半から 1970 年代にかけてのことである。これは画期的な変化であった。なぜならば、60 年代までは人間の学習研究は動物学習分野の行動主義者によって打ち立てられた S-R 理論に基づいていたのに対し、60 年代後半からは、逆に人間の学習分野の研究成果が動物研究に影響を与え始めたからである。

　この傾向は 1970 年代後半に入るとさらに顕著になり、Hulse, Fowler, & Honig(1978)は、動物認知に関する先駆的著書 "Cognitive Processes in Animal Behavior" の序文で「今や、動物心理学者は生物学的連続性を逆流し、人間の認知心理学の研究者からアイデアと方法を借用する転換期に入った」と述べているほどである。

　第2章では、人間の系列学習モデルを動物にも適用する立場を採った Hulse と伝統的な動物学習理論を発展させた Capaldi の対立を紹介することにより、系列学習研究の動向について検討し、動物学習における認知的傾向の特徴を浮き彫りにする。

第1節　人間における系列学習

1-1　Hull の連合連鎖理論

　1256 といったある一定の順序で与えられた項目からなる系列を人間はどのように学習するかという系列学習に関する問題も、当初は S-R 理論の枠組みの中で研究されていた。Hull(1931)や Skinner(1934)といった大家も、重要な理論的関心事として動物の系列学習を扱った。

　Hull は隣接する刺激と反応間に 1 対 1 の連合が形成され、その各連合が連鎖することを仮定した。Hull, Hovland, Ross, Hall, Perkins, & Fitch(1940)は、動物実

験から導かれたこの連合連鎖理論を人間の系列学習にも適用した。Hull の連合
連鎖理論によれば、我々人間が 1256 という系列を与えられた場合、1-2、2-5、
5-6 というように連続する項目間の関係が学習される。

　しかし Lashley(1951)は、Hull の連合連鎖理論では系列 5457 における 5-4、5-
7 のように異なった項目が同じ先行項目に連合されている場合を説明できない
などの問題点を指摘した。この Lashley の研究が契機となって、人間の系列学習
研究は S-R 理論から離れていく。そして、コンピュータ・サイエンスや情報科
学の影響を受けて、認知プロセスを主張する研究が Jones(1971)、Restle(1970)、
Simon & Kotovsky(1963)などによって発表され、人間の系列学習研究における S-
R 理論から認知理論へのアプローチの移行が完成する。

1-2　認知的アプローチ

　認知的アプローチでは、人間は様々な系列をどのように符号化し、記憶する
のかという問題に焦点が当てられた。これまでに Jones(1971, 1976)や Restle(1970,
1972, 1976)などの研究から、人間は与えられた系列が有する法則構造を符号化
することによって系列を内的に表象することがわかってきた。また、法則構造
が複雑になればなるほど内的表象も複雑になり、系列を学習するのが困難にな
ることも知られている。

　以上の原理を Hulse(1978)にしたがって、123345567（系列 A）と 163435527（系
列 B）という 2 つの系列で具体的に見てみる。系列 A の 123345567 は 123-345-
567 という 3 個の周期的な下位系列からなり、各下位系列内では連続した各項
目が 1 ずつ増加する、という 2 つの法則に符号化できる。これに対し、系列 B
の 163435527 では系列を単純化する法則はなく、隣接する項目間の関係をその
まま記憶する以外に方略はない。したがって、法則構造が単純であって少ない
法則で符号化できる系列 A の方が容易に学習される。

　人間の系列学習を研究する場合には、アルファベットや数字といった人間に
とって身近な項目が刺激として用いられる。これに対し Hulse(1978)は、走路の

目標箱で与えられる報酬用の餌ペレット数を刺激項目として用いた。そして、人間の系列学習の認知モデルをラットの系列学習にも適用した。

第2節　系列学習研究の始まり

2-1　Hulse & Campbell(1975)の研究

　Hulse の系列学習に関する最初の実験である Hulse & Campbell(1975)は、T迷路において明暗弁別学習を研究したものであった。彼らの実験では5試行からなる系列において、第1試行では自由選択が行われ、第2試行以後では負刺激（S⁻）の目標箱のドアを閉じて強制選択が課された。つまり、この実験は通常の弁別課題とは手続きが異なり、第1試行のみが本来の弁別試行であった。また、14、7、3、1、0 個という5種類の餌ペレット数が項目として用いられた。減少系列群は、第1試行でペレット14個、第2試行は7個、第3試行では3個、第4試行で1個、第5試行で0個（ペレットなし）が目標箱で与えられた。この群ではペレット数は $E(i) > E(i+1)$ という減少法則に従っていた。

　実験の結果、14-7-3-1-0 という単調減少系列を受けた群は、訓練の最終段階において、第1試行では速く走っていたが、ペレット数が減少するにつれて走行速度が漸減し、第5試行の 0 ペレット時での走行は非常に遅かった。一方、$E(i) < E(i+1)$ という増加法則に従う 0-1-3-7-14 系列を受けた増加系列群は、ペレット数が増加するにつれて走行速度が漸増していった。つまり、減少系列群、増加系列群の両群とも、与えられたペレット数の系列に則した走行がなされていた。この結果から Hulse & Campbell は、ラットはある内的に順序だったシェマに基づいてペレット数を順序づけることができることを示唆した。

2-2　Hulse & Campbell(1975)の問題点と意味づけ

　後に Hulse & Dorsky(1977) が指摘したように、Hulse & Campbell(1975) の結果は項目間に1対1の連合プロセスが働いているという可能性を排除できていない。つまり、減少系列群、増加系列群の結果は、14-7、7-3、3-1、1-0 という Hull(1931) 流の連合連鎖理論によっても説明ができた。Hulse & Campbell の研究はペレッ

ト数を体系的に変化させるという初めての試みがラットの系列学習研究に対して有効であることを示していた。しかし、まだ認知的モデルを主張するには不十分なものであった。

　それまでの強化系列に関するほとんどの研究では、習得期の結果を副次的なものとしてしか見なさず、あくまでも研究の焦点は消去抵抗にあった。そのことを考えると、習得期の走行に注目した Hulse & Campbell の研究は系列学習研究において非常に意義深いものである。そして、彼らの研究が契機となって、強化系列に関する研究の焦点は消去抵抗ではなく、習得期の走行に向けられていく。

第3節　Hulse の法則符号化理論（Rule encoding theory）

3-1　法則符号化理論の枠組み

Hulse & Campbell(1975) では減少系列と増加系列が用いられ、減少系列群の0ペレット試行の走行が他の試行に比べ極めて遅いことに特徴があった。そこで、Hulse はその後の研究では $E(i) > E(i+1)$ という単調減少系列を好んで用い、最終の0ペレットに対する走行に強い興味を向けた。

　これは、0ペレット走行は系列を動物が学習したかをみるための重要な指標であり、0ペレットに対する走行が遅いほど、ラットは0ペレットをより良く予期していたことになるからである。そこで、Hulse はその後の研究では最終レベルにおける0ペレットに対する走行だけでなく、いつから0ペレット時の走行が他の走行よりも遅くなったかについても分析を試みている。

　認知的モデルが本格的に主張されたのは、Hulse & Campbell の2年後に発表された Hulse & Dorsky (1977)の研究である。彼らは実験1において、$E(i) > E(i+1)$ 法則に従う単調減少系列 14-7-3-1-0 と法則性のない非単調系列 14-1-3-7-0 を比較した。この両系列は法則構造が異なるものの、両者とも5項目からなっていて、連続する項目間の連合数も同じである。したがって、項目間の1対1連合が系列学習の決定因であれば、両系列の0ペレット走行には差がないことになる。

しかし、非単調系列よりも単調減少系列の方が０ペレット時の走行が遅く、０ペレットの予期が優れていた。また、単調減少系列では１日目にすでに走行の分化が得られていたのに対し、非単調系列では訓練 10 日目に初めて０ペレット時の遅い走行が分化した。各系列とも５試行からなる系列を毎日４回与えられているので、走行分化が示されるまでに要した試行数は単調減少系列の方が約 40 試行も少なかった。

Hulse & Dorsky(1977)の実験２では、強い単調減少系列 14-7-3-1-0 と弱い単調減少系列 14-5-5-1-0 という減少の程度が異なる２つの減少系列が比較された。強い単調減少系列は全ての項目が E(i)＞E(i+1) 法則に従っていた。一方、弱い単調減少系列は E(i)＞E(i+1) 法則に、第２項目と第３項目が等しいという E(2)＝E(3) 法則が加えられた。両系列は与えられる総ペレット数、項目数、最終の項目対（1-0）などの条件は等しい。

実験の結果、最終走行レベルにおいて弱い単調減少よりも強い単調減少の方が０ペレット時の走行が遅く、０ペレットの予期が優れていた。また、０ペレット走行の分化が示されるまでに要した試行数も、強い単調減少系列の方が約 25 試行も少なかった。

ラットは非単調系列よりも単調減少系列の方を（実験１）、弱い単調減少系列よりも強い単調減少系列の方を（実験２）容易に学習した。Hulse & Dorsky はこれらの結果から、ラットは与えられた系列が有する法則に非常に敏感であり、人間の場合と同様に、ラットの系列学習も法則的に定義された系列構造の複雑性によって決定されていることを主張した。また、実験２において 1-0 という最終の項目対が等しいのにもかかわらず両系列群間の結果に差が示されたことから、項目間連合の可能性は否定された。

3-2 転移実験による法則符号化理論の検証

Hulse & Dorsky (1977)の２年後に Hulse & Dorsky (1979)は、系列学習における法則構造の重要性を転移実験によって明らかにした。習得期に単調減少（M）群は E(i)＞E(i+1) 法則からなるいくつかの系列を受けた。各系列は 10、5、3、

1、0 ペレットという 5 項目から任意に選ばれた 2~4 項目によって構成された。さらに、最初と最後の項目も不定であり、系列の長さも予期不能であった。

　この単調減少（M）群は、その後の転移期において単調減少系列 16-9-3-1-0 を受ける単調減少-単調減少（M-M）群と非単調系列 16-1-3-9-0 を受ける単調減少-非単調（M-NM）群に分けられた。習得期に M 群と同じ項目をランダムな順序で与えられたランダム（R）群も、転移期では 16-9-3-1-0 を受ける R-M 群と 16-1-3-9-0 を受ける R-NM 群に分けられた。この実験の特色は、各群は習得期において同じ法則構造を持つ複数の系列が与えられたことにある。したがって、ある系列から他の系列へという系列自体の転移ではなく、ある法則から他の法則へという法則の転移が検討された。

　実験の結果、転移期に 16-9-3-1-0 系列を受けた M-M 群と R-M 群を比較すると、習得期と転移期の法則が一致していた M-M 群の方が 0 ペレットの予期が良いことが示された。一方、転移期に 16-1-3-9-0 系列を受けた M-NM 群と R-NM 群についても同様に、法則が一致していた R-NM 群の方が 0 ペレットの予期が優れていた。つまり、新旧法則構造が一致する時には正の転移が起こり、一致しない時には負の転移が生起していた。この実験でも、ラットは法則構造を符号化することによって系列を習得するという法則符号化理論が推し進められている。

　以上見てきたように、Hulse の実験では項目自体ではなく、項目によって構成される法則構造が重視される。これは、刺激と反応を分析的に細分化していった 1960 年代までの S-R 理論とは全く逆のアプローチである。人間の系列学習における方法論を動物の系列学習に適用した Hulse の一連の研究は、まさに 1970 年代後半の動物学習心理学における認知的アプローチの代表的なトピックとなり、系列学習研究に新しい道を開いたともいえる。

　しかし、Hulse の研究には問題がなかったわけではない。この問題点に触れる前に、系列学習に対するもう一人の研究者である Capaldi の研究を検討する。興味深いことには、Capaldi は Hulse とは全く違う立場から系列学習を研究しているのである。

第4節　Capaldi の記憶弁別理論

4-1　部分強化研究から系列学習研究への橋渡し

　動物学習の分野では、Hulse & Campbell（1975）の論文まで、系列学習に関する研究はほとんど関心を持たれなかった。しかし、Hulse（1978）が指摘したように、1つだけ重要な例外があった。それは 1940 年代から 40 年あまり続いた部分強化研究である。

　第1章で詳しく検討したように、様々な部分強化理論の中でも Capaldi（1966, 1967, 1970, 1971）の系列理論は、強化試行と無強化試行の配列を重視した。その後、Capaldi は系列学習を部分強化の一形態とみなし、部分強化理論である系列理論を系列学習にも適用できるように拡張していった。

　部分強化系列において最も単純なものは、強化試行と無強化試行が交互に行われる単一交替系列である。第1章で述べたように、単一交替系列では、習得期において無強化試行よりも強化試行における走行が速いという走行分化が得られる（eg., Bloom & Capaldi, 1961; Campbell, Crumbaugh, Rhodus, & Knouse, 1971）。

　Capaldi（1967）は、強化系列に対する学習を強化と無強化の記憶（S^R、S^N）が弁別手がかりとなる弁別学習であるとみなした。単一交替系列では、直前の試行が無強化であったという記憶 S^N が強化試行において常に生起する。逆に、無強化試行では常に S^R が生起する。したがって、S^N は S^+ 手がかり、S^R は S^- 手がかりとなる。

　単一交替系列以外にも Capaldi（1979）や Yazawa & Fujita(1984)は、第5試行のみが強化試行である 4NR（NNNNR）系列において、無強化試行が4試行連続したことの記憶 S^{N4} が S^+ 手がかりになることを報告した。このように、強化系列に対する学習は S^R、S^N、及び S^N の刺激変容という Capaldi の系列理論の根本的な部分によって説明される。

　系列学習も含めて部分強化研究では、強化と無強化という2項目の配置が問題とされる。強化試行における報酬強度が変えられることは少ない。第1章の強化レベル理論で触れた Capaldi(1974) の実験のように、習得期の途中である強

度から他の強度へ報酬強度が移行されることはあっても、Hulse の一連の系列学
習実験のように報酬強度が体系的に変えられたことはなかった。

　これは、部分強化研究の主な関心は習得ではなく、消去にあったことによる。
規則的系列において、習得期に強化系列に則した走行をラットが示していたと
しても、習得期の走行反応は消去抵抗を説明するためのものでしかなかった。
部分強化研究の第一人者であった Capaldi が系列学習研究において Hulse に先を
越されたのは、強化の記憶 S^R よりも無強化の記憶 S^N の変容を重視したことと、
習得期よりも消去期の結果にこだわっていたことに原因があるのではないか、
と思われる。

　ただ、部分強化研究の中でも、Wike ＆ King(1973)の実験は系列学習に直接つ
ながる可能性があった。彼らはペレット 0 個、45mg ペレット 1 個、500mg ペレ
ット 1 個という 3 種類の報酬強度からなる 500-45-0 という減少系列と 0-45-500
という増加系列とを比較した。その結果、習得期において減少系列では第 1 試
行の走行が最も速く、第 2、第 3 と徐々に遅くなるのに対し、増加系列では逆
の走行パターンが得られ、そのパターンが消去期にも維持されていた。

　しかし、やはり Wike ＆ King の関心は減少系列よりも増加系列の消去抵抗
が大きいことにあり、この結果はフラストレーション理論では説明できないと
して、Capaldi の系列理論が支持されていた。同様に、習得期と消去期の走行パ
ターンについても、フラストレーション理論ではなく、系列理論を支持する結
果として部分強化研究の枠組みの中で解釈されていた。

　部分強化の文脈では、系列学習に焦点を合わせた研究の目前まで到達してい
たのにもかかわらず、Hulse ＆ Campbell(1975) や Hulse ＆ Dorsky(1977, 1979)
のような画期的な研究は誕生しなかったのである。

4-2　記憶弁別理論の枠組み

Capaldi は、Hulse ＆ Dorsky(1977)の 2 年後に、初めての系列学習研究である
Capaldi ＆ Molina(1979) を発表した。この論文の 1 つの特徴は論文中に引用さ
れている文献が極端に少ないことである。通常、学術論文には 10 以上の文献が

引用される。しかし、Capaldi & Molina には Capaldi(1967, 1979)と Hulse & Dorsky(1977)という 3 つの引用文献しか挙げられていない。さらに、Capaldi & Molina の論文は Hulse & Dorsky（1977）の紹介から書き始められており、Capaldi の系列学習に対する興味は Hulse の研究によって喚起されたことがわかる。

しかし、Capaldi は Hulse の研究の土俵にそのまま上がったのではない。Hulse の法則符号化理論に挑戦を試みたのである。Capaldi は、系列学習を Hulse が主張するような特殊な学習ではなく、餌ペレット数の記憶を弁別手がかりとする内的な弁別学習として捉えた。そして、部分強化に関する系列理論を一部拡張した記憶弁別理論（eg., Capaldi & Molina, 1979 ; Capaldi, Verry, & Davidson, 1980a）が提唱された。

部分強化理論である Capaldi（1967）の系列理論によれば、無強化の記憶 S^N は無強化試行に伴って変容し、刺激変容 S^{N1}、S^{N2}、S^{N3}、・・・・、S^{Nk} は近似的に対数スケールの連続体に沿って配列されていた。一方、強化の記憶 S^R に対しては、このような刺激連続体は仮定されていなかった。

そこで、記憶弁別理論では各報酬強度に特有の記憶が次試行において生起し、0 ペレット（無報酬）の記憶（S^0）は、2 ペレットの記憶（S^2）よりも 1 ペレットの記憶（S^1）に類似度が高いというように、各記憶は S^0、S^1、S^2、S^3、……、S^k という刺激連続体上に並ぶことが新たに仮定された。系列学習では、強化試行で生起する記憶が S^+ 手がかりとなり、0 ペレット試行の際に生起する記憶が S^- 手がかりとなる。また、S^+ に対する反応は習慣強度の蓄積を受け、S^- に対する反応は抑制と S^+ の習慣強度からの般化を受ける。したがって、S^- と S^+ との類似度が高まるほど、S^- に対する S^+ からの般化が大きくなり、0 ペレットに対する走行が速められてしまう。言い換えれば、S^- と S^+ の類似度が高まるほど、0 ペレットの予期は悪くなる。

Capaldi & Molina(1979)は、実験 1 で全ての項目が E(i) ＞ E(i+1) 法則に従う強い単調減少系列 15-10-5-0 よりも第 1 試行と第 2 試行が等しい以外は E(i) ＞ E(i+1) 法則に従う 15-15-0-0 や 14-14-2-0 という 2 種の弱い単調減少系列の方が 0 ペレットの予期が良いことを示した。また、実験 2 では、強い単調減少系列

20-10-0 よりも非単調減少系列 1-29-0 の方が 0 ペレットの予期が優れていた。以上の結果は、単純な法則構造をもつ系列ほど学習が容易であるという Hulse の法則符号化理論から予測されるものとは全く逆の結果であった。

　Capaldi & Molina によれば、15-10-5-0 系列における第2試行では直前の走行が 15 ペレットであったという記憶 S^{15} が生起し、第3試行では S^{10} が生起する。S^{15} と S^{10} はともに S^+ となる。一方、第4試行の 0 ペレット走行時には S^5 が生起し、S^5 は S^- となる。ここで、S^- と S^+ との類似度が問題とされるが、15-10-5-0 系列のように S^+ が2種類ある場合には S^- との類似度が近い方の S^+ のみを考えればよい。したがって、この系列では S^5 と S^{10} との類似度が 0 ペレット時の走行を決定する。14-14-2-0 系列では第2試行と第3試行で生起する S^{14}(S^+) と第4試行での S^2(S^-) との類似度が、15-15-0-0 系列では第2試行での S^{15}(S^+) と第4試行での S^0(S^-) との類似度が 0 ペレット時の走行に関係する。したがって、S^+ と S^- 間の類似度が一番小さかった 15-10-5-0 系列における 0 ペレットの予期が、他の2系列に比べて難しかったのである。

　Capaldi & Molina は、実験2の結果に対しても同様の分析を行っている。1-29-0 系列の S^1(S^+) と S^{29}(S^-) との類似度の方が 20-10-0 系列の S^{20}(S^+) と S^{10}(S^-) との類似度よりも小さかったので、非単調系列である 1-29-0 系列の 0 ペレット予期が良かったと考えられた。

　Capaldi & Molina の実験1と2の結果は、法則構造が単純な系列ほど学習が容易であるとする Hulse & Dorsky(1977) の法則符号化理論では説明できない。しかし、逆に Hulse & Dorsky の実験2の結果は Capaldi の記憶弁別理論に基づいた S^+ と S^- の類似度からは説明できない。つまり、14-7-3-1-0 系列での S^3(S^+) と S^1(S^-) の類似度が 14-5-5-1-0 系列の S^5(S^+) と S^1(S^-) 間のものよりも小さいので、強い単調減少系列 14-7-3-1-0 の学習の方が難しくなってしまう。

　Hulse & Dorsky の実験1では、14-7-3-1-0 系列での S^3(S^+) と S^1(S^-) の類似度と、14-1-3-7-0 系列での S^3(S^+) と S^7(S^-) の類似度との直接的な比較はできない。Capaldi & Molina は法則符号化理論と記憶弁別理論の検証のためには、両者からの分析が可能な系列を用いる必要があると指摘している。

4-3　転移実験による記憶弁別理論の検証

　Hulse の法則符号化理論によれば、系列に含まれている同じ法則の例数が増加するほど符号化は促進される。しかし、Capaldi, Verry, & Davidson（1980a）の実験 1 では、法則符号化理論からの予測とは逆に、減少法則の例数が 2 である 16-4 / 4-0 群よりも例数が 1 である 4-0 群の方が 0 ペレットの予期が良かった（16-4 / 4-0 群とは、16-4 系列と 4-0 系列が系列間間隔 30 分、試行間間隔 15-20 秒で行われたことを示す）。この実験 1 の結果は、法則符号化理論には矛盾するが、記憶弁別理論からの予測と一致する。Capaldi et al.の分析によれば、16-4 / 4-0 群では第 2 試行での S^{16} が S^+、第 4 試行での S^4 が S^- となり、S^- は S^+ からの般化をうける。4-0 群では第 2 試行の S^4 が S^- となるだけで、S^+ は存在しない。両群とも S^4 が S^- となるが、4-0 群が S^+ からの般化を受けない分だけ 0 ペレットの予期が優れることになる。

　Capaldi, Verry, & Davidson(1980a, 実験 4)は、系列学習における転移は Hulse & Dorsky（1977）が言うように新旧法則構造の一致度によって決定されるのか、あるいは S^+、S^- による分析から同定されるのかを検討した。習得期に 2-2 系列と 20-20 系列という 2 つの系列を毎日 1 回ずつ受けた同等法則群と 2-20 系列を毎日 2 回受けた増加法則群が、それぞれ転移期に 20-0 系列を受ける群と 2-0 系列を受ける群とに分けられた。

　その結果、転移期に 2-0 系列を受けた群同士を比較すると、習得期に同等法則を受けた方が 0 ペレットの予期が良く、転移期で 20-0 系列を受けた群では増加法則群の予期が優れていた。転移期で与えられた減少系列が増加法則よりも同等法則に一致度が高いと仮定すると、同等法則群よりも増加法則群において 20-0 系列に転移された時の 0 ペレットの予期が良かったことを法則符号化理論では説明できない。もし、逆の仮定がなされたとしても、今度は転移期の 2-0 系列の結果が説明不能であり、いずれにしても新旧法則構造の一致度が転移に関係していないことになる。

　Capaldi の記憶弁別理論によれば、20-0 系列に転移された場合、転移期では S^{20} が S^- となる。ところが、この S^{20} は習得期の同等系列 20-20 では S^+ であり、転

移が非常に困難となる。一方、習得期の増加系列 2-20 では S^{20} は生起しないので、転移が容易であり、0 ペレットの予期が良かったと説明される。

　部分強化では無強化試行に報酬強度が小さい試行よりも大きい試行が後続した時の方が消去抵抗は大きいことが知られている（例えば、Capaldi & Capaldi, 1970; Leonard, 1969）。これは小報酬試行よりも大報酬試行で生起した S^+ の方が報酬を信号する強い力を獲得することによる (Capaldi, 1971)。

　同じことが系列学習にも言える。実験 3 における転移期の 2-0 系列では S^2 が S^- となる。S^2 は習得期の同等系列 2-2、増加系列 2-20 のいずれにおいても S^+ である。S^+ と S^- との類似度しか考えない場合、同等系列群と増加系列群の転移には差がないことになる。しかし、S^2 が同等系列 2-2 では 2 ペレットを信号するだけであるのに対し、増加系列 2-20 では 20 ペレットを信号する。したがって、増加系列の S^2 の方が報酬信号力は強く、転移期においてこの S^2 は S^- に変化するのが難しくなり、0 ペレット走行が速まってしまったのである。このように Capaldi らは新旧構造間の一致度ではなく、S^+ と S^- の類似度とそれぞれの報酬信号力によって転移が決定されることを示した。

　Capaldi & Molina(1979) と Capaldi, Verry, & Davidson(1980a) の研究は、Hulse(1978) の法則符号化理論に矛盾するデータを提供し、法則符号化理論の問題点を明らかにすると同時に、系列学習が部分強化の一形態であることを示すものであった。それでは、Capaldi からの一方的な批判を受けた Hulse はどのような反論を試みたのだろうか。

第 5 節　Hulse の二元論的アプローチによる反論

　人間の系列学習では、法則例が多い時ほど法則構造が符号化されやすい。例えば、1234567 という系列の場合、次（Next）法則例が 6 つ含まれるので符号化が容易である。しかし、法則例が少ないと法則構造は掴みにくい。12 という系列では、法則例が 1 つしかないので次法則（1, 2 の次に 3 が来る）か、交替法則（1, 2 の次に 1 が来る）かの判断が難しく、1-2 という項目間連合で捉えた方が学習は容易となる。

Hulse(1980)は、人間が系列の法則構造を符号化するのは系列課題が難しい時だけであり、簡単な課題は連合的に学習するとして、系列学習を扱うには２つの異なる理論が必要であると述べている。つまり、Hulse は、難しい系列には認知的なモデル、簡単な系列には連合モデルが適用されるという二元論的アプローチを示すことによって Capaldi の攻撃をかわした。さらにそこでは Capaldi & Molina(1979) と Capaldi, Verry, & Davidson(1980a) の両研究は法則学習に焦点が当てられていないことが指摘された。

　その論拠となったのは Hulse と Capaldi の実験状況の違いであった。Hulse & Dorsky(1977, 1979)では 14-7-3-1-0 に代表されるような５試行からなる系列が用いられ、この系列が１日４回以上繰り返されていた。一方、Capaldi の実験では、２～３試行（Capaldi et al., 1980a）、多くても４試行（Capaldi & Molina, 1979）からなる短い系列しか用いられず、各系列は通常１日１回しか与えられなかった。Capaldi が用いた系列は試行数が少なく、必然的に法則例も少なくなる。また、系列課題が簡単であり、系列の繰り返しも少なかった。

　これらのことから、Hulse は Capaldi が用いた系列課題は系列学習の中でも法則学習には適さず、項目間連合に適したものであるとみなした。つまり、Capaldi の実験結果は Hulse の法則符号化理論に矛盾するというよりも法則符号化理論とは無関係であるという立場を採った。

　また、Hulse(1980)は、Hulse & Dorsky では試行間間隔が 10-15 秒であるのに対し、Capaldi & Molina は４分という系列学習にとっては長い間隔を用いたことも両実験結果の比較を困難にしていると考えた。ただ、なぜ４分が試行間間隔として不適であるかに関する裏付けはなされていない。さらに、Capaldi et al.(1980a) の実験では、試行間間隔は Hulse & Dorsky とほぼ同じ 15 秒が用いられている。

　このように見てくると、Hulse の反論は Capaldi の批判に直接答えたというものではなく、両者の実験結果の不一致を手続きの違いに求めるという消極的なものであったことがわかる。さらに、系列学習には２つのタイプがあるという二元論を採ることは、難しい系列には Hulse の法則符号化理論、易しい系列に

は Capaldi の記憶弁別理論が適用されることを認めたことになり、Capaldi の理論を否定したことにはならない。

第 6 節　Hulse の二元論に対する検討

6-1　Roitblat, Pologe, & Scopatz(1983)による二元論の支持

Hulse(1980)の指摘に基づいて試行間間隔の効果を検討した最初の研究が、Roitblat, Pologe, & Scopatz(1983)である。彼らは試行間間隔に加えて 1 日に与えられた系列数にも着目した。これは、Hulse & Dorsky(1977)が 10-20 分の系列間間隔で 1 日に 4 系列から 5 系列行っているのに対し、Capaldi & Molina の研究では 1 日に 1 系列しか行われておらず、1 日の系列数においても両者に違いが見られたことによる。

Roitblat et al.(1983)の実験 1 では、14-7-3-1-0 系列を系列間間隔 20-25 分で 1 日 4 系列行った場合、試行間間隔が 10-15 秒と短い群は 0 ペレット予期を示したのに対し、4-5 分という長い試行間間隔群では 0 ペレット予期が得られなかった。また、14-7-3-1-0 系列を 1 日 1 系列与えた場合にも、1 日 4 系列与えた場合と同様な結果が得られていた。つまり、系列学習にとって試行間間隔の長さが重要な変数であり、1 日の系列数は効果を持たなかった。この結果から、試行間間隔の長さの増加に伴いラットが系列位置手がかりを利用することが困難になると考えられた。

Roitblat et al.が示した結果は、Hulse & Dorsky(1977)が用いた試行間間隔 10-15 秒と Capaldi & Molina(1979)が用いた試行間間隔 4-5 分では異なる系列課題が含まれていることを示唆しており、Hulse(1980)の二元論を支持するものであった。

6-2　Roitblat, Pologe, & Scopatz(1983)の実験結果に対する疑問

一方、Capaldi, Nawrocki, Miller, & Verry(1985, 実験 3)は、長い試行間間隔では 14-7-3-1-0 系列と 14-1-3-7-0 系列のいずれにおいても 0 ペレット予期が示されていないという Roitblat et al.の結果に対して疑問を投げかけた。その根拠となったのは、Roitblat et al.の実験では長い試行間間隔ばかりか短い試行間間隔条件でも

0ペレット予期が悪すぎることにあった。実際、Hulse & Dorsky(1977)では短い試行間間隔で14-1-3-7-0系列を受けた群は約40試行後に0ペレット予期を示しているのに対し、Roitblat et al.の実験では60試行の訓練を行っても0ペレット予期が得られていない。さらに、Roitblat et al.が被験体として用いたラットは実験開始時に7-8ヶ月齢と高齢である上に他のオペラント条件づけ実験の経験があり、実験に用いるのには好ましくないものであった。

Capaldi et al.(1985, 実験3)は、実験経験のない3ヶ月齢の若いラットを用いてRoitblat et al.の研究の追試を行った。その結果、5分と長い試行間間隔で1日1系列行った場合でも14-1-3-7-0系列よりも14-7-3-1-0系列の0ペレット予期が優れていた。つまり、Hulse(1980)によって法則符号化に不利な条件であると考えられていた長い試行間間隔、少ない試行数においても、短い試行間間隔と多い試行数を用いたHulse & Dorskyの実験と同様な結果が得られたのである。そこで、Roitblat et al.が報告した長い試行間間隔群の結果に問題があることが指摘され、Hulse(1980)の二元論も疑問視されることになった。

また、Haggbloom & Ekdahl(1985)の研究では、14-7-3-1-0系列を1日2系列提示した場合、0ペレット予期は4-5分の長い試行間間隔群よりも10秒という短い試行間間隔群の方で早く出現したが、32系列後には両者の差は消失したことが報告されている。さらに、矢澤・藤田(1992)は、30分という非常に長い試行間間隔を用いて1日1系列提示による28日の訓練で14-7-3-1-0系列における0ペレット予期を得ている。

先に述べたように、Roitblat et al.の研究では、実験にあまり適さない被験体が用いられ、訓練試行数もかなり多かった。しかし、Capaldi et al.(1985)やHaggbloom & Ekdahl(1985)、矢澤・藤田(1992)の結果を踏まえて考えると、Roitblat et al.の研究では0ペレット予期が示される前に訓練が打ち切られ、長い試行間間隔では14-7-3-1-0系列と14-1-3-7-0系列には差がないと結論を急いでしまったような印象がもたれる。

Roitblat et al.(1983)、Capaldi et al.(1985)、Haggbloom & Ekdahl(1985)、矢澤・藤田(1992)の4研究は、Hulse(1980)によって法則符号化理論に適さないと見なされ

た長い試行間間隔の効果を検討したものであった。一方、Capaldi は、次節で検討するように、法則符号化理論に有利であると考えられていた条件を用いて、法則符号化理論を否定する結果を報告している。

第 7 節　Hulse の二元論に対する Capaldi の見解

7-1　Capaldi による法則符号化理論に対する批判

　学術雑誌 "Animal Learning & Behavior" の第 8 巻には、系列学習を扱うには 2 つの異なる理論が必要であることを主張した Hulse(1980) の論文の次ページから、Capaldi, Verry, & Davidson(1980b) の見解が掲載されている。この論文に示されている Capaldi の見解はその後 Capaldi, Nawroki, & Verry(1982) の実験で検証されている。

　Capaldi et al.(1982) は、Hulse(1980) によって難しいと定義された 5 項目からなる系列を用いた。具体的には弱い単調系列 14-5-5-1-0 と非単調系列 5-5-14-1-0 が比較された。ただ、従来の研究と異なり、系列の最終試行（0 ペレット）だけではなく、最後から 2 番目の試行（1 ペレット）に分析の焦点が当てられた。その結果、弱い単調減少系列 14-5-5-1-0 では Hulse & Dorsky(1977) と同様に最終の 0 ペレットは訓練初期から予期されたが、最後から 2 番目の 1 ペレットは訓練終了まで予期されなかった。一方、非単調系列 5-5-14-1-0 では予期の出現までに多くの訓練試行を要したが、0 ペレットも、1 ペレットも予期された。

　Hulse の法則符号化理論によれば、法則構造が単純である弱い単調減少系列の方が 0 ペレットも 1 ペレットも予期が良いことが予測される。0 ペレットの結果はこの予測に一致するものの、1 ペレットの結果は法則符号化理論では説明がつかない。法則学習がなされると考えられた難しい系列である 5 試行系列（Hulse, 1980）においても、法則符号化理論と矛盾する結果が示されたのである。

　Capaldi et al.(1982) によれば、14-5-5-1-0 と 5-5-14-1-0 の結果は記憶弁別理論からの予測に一致する。両系列とも最終 0 ペレット試行時に生起する S^1 が S^- となる。S^1 と最も類似度が高い S^+ は両系列とも S^5 である。ここで、どちらの系列の S^5 が報酬信号力が強いかが問題となる。S^5 の報酬信号力が強い系列の方が、S^-

である S^1 はより多くの般化をうけるので、0 ペレットの予期が悪くなる。14-5-5-1-0 系列では第 3 試行での S^5 が 5 ペレットを信号し、5-5-14-1-0 系列では第 3 試行での S^5 が 14 ペレットを信号する。したがって、5-5-14-1-0 系列の S^5 の方が報酬信号力が大きく、S^- である S^1 はこの S^5 からより多くの般化を受けるので、14-5-5-1-0 系列よりも 0 ペレットの予期が悪くなったと考えられる。

　両群の 1 ペレットの結果も同様な説明がなされる。14-5-5-1-0 系列での 1 ペレット試行で生起するのは S^5 である。しかし、同じ S^5 が第 3 試行では 5 ペレットの信号となっているので、1 ペレットの予期は悪くなる。一方、5-5-14-1-0 系列では 1 ペレット試行時に生起する S^{14} は 14 ペレットを信号する S^5 との類似度が小さいので、般化をほとんど受けず 1 ペレットの予期が良かったのである。

　また、Capaldi, Nawrocki, Miller, & Verry (1985, 実験 1) は、Hulse & Dorsky(1977) が用いた試行間間隔 15 秒から 20 秒、系列間間隔 15 分で 1 日 4 回系列を繰り返すという実験手続きにおいても、Capaldi & Molina(1979) と同様に 15-10-5-0 系列よりも 15-15-0-0 系列の方が 0 ペレット予期は優れるという記憶弁別理論に一致し、法則符号化理論に合わない結果を得ている。

7-2　Haggbloom による記憶弁別理論の支持

　以上の 2 研究に加えて、法則符号化理論に疑問を投げかけ、記憶弁別理論を支持した報告の中で最も洗練された研究は、Capaldi の弟子である Haggbloom(1985) によって行われた実験である。彼は、まずラットを 14-7-3-1-0 系列で訓練した。そして、0 ペレット予期が完全に示された後に、24 匹のラットは 20-14-7-3-0 系列を受ける 5 試行単調系列群、20-7-3-14-0 系列の 5 試行非単調系列群、20-14-7-3-1-0 系列を受ける 6 試行単調系列群、20-7-14-3-1-0 系列の 6 試行非単調群の 4 群に分けられた。なお、試行間間隔は 10 秒から 15 秒という法則符号化に有利であると考えられていたものが用いられた。

　ここで法則符号化理論では、2 つの単調（5 試行単調、6 試行単調）系列群の方が 2 つの非単調（5 試行非単調、6 試行非単調）系列群よりも 0 ペレット予期が良いことを予測する。しかし、実験の結果は、2 つの 5 試行（5 試行単

調、5試行非単調）系列群よりも2つの6試行（6試行単調、6試行非単調）系列群の0ペレット予期が優れ、記憶弁別理論を支持するものであった。つまり、最初の 14-7-3-1-0 系列においても転移後の6試行系列でも系列の最後が 1-0 であり、ともに S^1 が0ペレットの信号となっていた。

　さらに、Haggbloom & Brooks(1985, 実験1)は、Hulse & Dorsky(1977)と同じ法則符号化に有利であると言われている実験手続きを用いて、14-7-3-1-0 系列よりも 14-9-1-1-0 系列の0ペレット予期が優れることを見出し、法則符号化理論に疑問を投げかけ、記憶弁別理論を支持している。

　以上のように、Hulse(1980)の二元論を支持した Roitblat et al.の実験結果は Capaldi et al.(1985, 実験3)などによって問題視され、長い試行間間隔条件でも 14-7-3-1-0 系列の0ペレット予期が見られることを示した Haggbloom & Ekdahl(1985)の研究、法則符号化理論に有利な条件においても記憶弁別理論が適用されることを示した Capaldi, Nawroki, & Verry(1982)、Capaldi, Nawrocki, Miller, & Verry(1985)、Haggbloom(1985)の研究などによって、難しい系列に対しては法則符号化理論が、簡単な系列に対しては連合モデルが適用されるという Hulse(1980)の示した二元論は否定されたことになる。

　なお、これらの研究に対して、Hulse は反論を試みてはいない。しかも、その後の Hulse の関心は音の高低とリズムに対するトリの認知構造に向けられ(eg., Hulse & Cynx, 1986; Page, Hulse, & Cynx, 1989)、ラットの系列学習に関する研究からは離れてしまっている。

第8節　系列学習研究における Hulse と Capaldi の貢献
8-1　Hulse の貢献

　人間の系列学習研究は 1930 年代の S-R 理論内で始められ、情報科学の影響を受けて認知的研究に姿を変え、認知的アプローチによって見事に花を咲かせた。人間の系列学習研究からの方法論をラットにも適用して、Hulse はラットの系列学習における法則符号化理論を提唱した。Hulse の法則符号化理論は、本章で検討したように Capaldi からの激しい攻撃を受け、ある大きな壁にぶつかっている

ようだ。しかし、Hulse の理論の正当性の如何にかかわらず、Hulse の一連の研究には大きな2つの意味があったように思われる。

　第一の意味は、Hulse の研究が動物の認知という新しい研究領域における1つの先導的役目を果たしたことにある。人間における系列学習の理論をラットに適用するには、まずラットの能力がかなり高いことを認めなくてはならない。ところが、1960 年代までの動物心理学では、ラットの能力を質的にも量的にも人間よりもかなり低いところに仮定し、ラットが人間と同様に法則構造を符号化するという可能性自体がそもそも考えられなかった。

　これに対し、現在の認知的研究ではラットの能力がかなり高いことを認め、ラットをただ単に外からの刺激を受動的に受けとめて反応する機械として考えるのではなく、能動的な情報処理者とみなし、内的プロセスが強調されている。このような変革に対する Hulse の研究が及ぼした影響はかなり大きかったと言える。

　第二の意味は、1970 年代後半から停滞ぎみであった強化系列、特に部分強化の研究者に Hulse は新しい研究領域を開いたことである。第3章以降で述べるように、1980 年代に入り、Hulse や Capaldi 以外にも多くの研究者が系列学習論争に加わり、系列学習研究は非常に盛んになっていく。これも、報酬強度を体系的に変化させるという方法を導入した Hulse の貢献によることが大きい。

8-2　Hulse と Capaldi のアプローチの違い

　系列学習における Hulse と Capaldi の対立をただ単に2人の研究者間の対立とみなしたのであれば、非常に重要なことを見逃してしまうことになる。ラットの系列学習は Hulse にとっては人間の理論をラットに下ろした所にあり、Capaldi にとっては部分強化理論を上げた所にあった。つまり、歴史的背景も理論的背景も全く逆の片や上から下がってきたアプローチと片や下から上がってきたアプローチが系列学習という同じ場所でぶつかりあったと考えることができる。Hulse と Capaldi の対立はアプローチの方向性の対立なのである。

　さらに興味深いことには、Hulse も元々は部分強化を研究していた（例えば、Hulse, 1962）。それが、1970 年代に急に人間の認知研究のアイデアを動物実験に取り入れた。いわば、動物から人間の研究にアプローチを変えた後に、人間の研究から動物の研究に徐々に戻ってきたといえる。

　これに対し、Capaldi は部分強化の道を一貫して歩み、系列学習に辿り着いた。S-R 理論の影響が強い部分強化理論の中でも、Capaldi の系列理論は S^R、S^N といった現時点に存在しない過去の刺激を強調する点で認知的色彩がある理論であった。それに加え、Capaldi が部分強化よりも認知的な要素が強い系列学習に踏み入れた背景には、一歩一歩認知へ移り変わっていく流れがあるような印象を受ける。

　第7節の最後に Capaldi, Nawroki, & Verry(1982)の実験により、簡単な系列は連合が、複雑な系列は法則符号化がという Hulse の二元論は否定されたことを述べた。しかし、Capaldi et al.はこの論文の最後を、「すべての系列学習が連合的メカニズムと認知的な法則符号化メカニズムの両者の混合であるという考えまでに拡張されるのであれば、おそらく動物の法則符号化に対するより可能性のあるアプローチを生むのではないか。」(p.170) と結んでいる。

　第2章で検討した Capaldi の研究では、S^{14} とか S^5 といったような単一の記憶しか考えられていなかった。しかし Capaldi は、その後、ラットが系列項目に対する内的表象を形成するという系列地図仮説を唱える（Capaldi & Verry, 1981)など、Hulse の理論に対する歩みよりをみせ、認知的理論へと傾斜していく。この Capaldi の変化を含め、1980 年代以降の系列学習研究の詳しい動向に関しては、第3章以降で検討する。

第3章　系列位置学習研究の展開

　Capaldi(1970, 1971, 1985)の記憶弁別理論と Hulse(1978)の法則符号化理論の対立がなされていた一方で、両者の理論では説明できない結果が Roitblat, Pologe, & Scopatz(1983）によって報告されていた。

　第2章で検討したように、Roitblat et al.の実験1には手続き的な問題があったことが指摘されている。しかし、実験4では系列内で占めている項目の位置に対する学習が成立するという系列位置学習が明確に示されている。そこでは 14-7-3-1-0 系列の原学習によって走行パターンが確立した後、ある試行のみを無強化（0ペレット）にした系列(0-7-3-1-0 系列 or 14-0-3-1-0 系列 or 14-7-0-1-0 系列 or 14-7-3-0-0 系列）のいずれかに転移されたが、原学習での走行パターンはそのまま維持されていた。

　系列の転移によって原学習での項目間連合と法則構造のいずれもが崩れたことになる。したがって、転移後でも走行パターンが維持されたという結果は、Capaldi の記憶弁別理論と Hulse の法則符号化理論のいずれによっても説明できない。原学習と転移で変わっていないのは各試行の系列内での位置だけであり、Roitblat et al.の実験4は、ラットが系列位置を学習することの証拠を得たことになる。

　そこで、第3章では系列位置学習を巡る研究の展開について概説する。

第1節　系列位置学習研究の萌芽

1-1　人間における系列位置学習

　人間における系列学習研究では、古くから Ebbinghaus(1885)による項目間連合と Ladd & Woodworth(1911)が提唱した系列位置という2つのアプローチが対立して来たことが知られている(Woodworth, 1938 参照）。しかし、当初から項目間連合を強調するアプローチの方が優勢であり、系列位置学習はかなり後

まで注意を向けられなかったという（Bower, 1971; Ebenholtz, 1972）。

　系列位置学習が注目されるきっかけとなった研究として、項目が原学習系列と同じ位置にある系列と異なる位置にある系列に転移された Ebenholtz（1963）の研究がある。彼の実験では、まず被験者に A-B-C-D-E-F-G-H-I-J という 10 項目からなる系列を学習させた。その後、10 項目のうちの 5 項目が変更されたが、第 1 群では、n1-B-n2-D-n3-F-n4-H-n5-J というように変更されなかった項目（B、D、F、H、J）の位置は原学習と同じであった。一方、第 2 群では F-n4-H-n5-J-n1-B-n2-D-n3 というように変更されなかった項目の位置も変えられた。

　第 1 群でも第 2 群でも項目間の組み合わせは原学習とはすべて変更されているので、項目間連合が学習されるのであれば、転移期には差が生じないはずである。しかし、位置が変えられなかった第 1 群の方が位置も変更された第 2 群よりも早く学習が成立することが示され、系列位置学習の重要性が示唆された。近年の人間における系列学習研究では、位置学習を強調する説明の方が影響力は強いことが指摘されている（eg., Colombo & Frost, 2001; Johnson, 1991）。

1-2　ラットにおける系列位置学習研究の兆し

　ラットの系列学習研究でも人間の系列学習と同様に、系列位置学習は当初あまり重きを置かれていなかった。部分強化研究において系列位置学習が最初に言及されたのは、強化（R）試行と無強化（N）試行が 1 試行ずつ規則的に交替する単一交替系列（RNRNRNRN）に関してであった。単一交替系列では、ラットは R 試行での走行が速く、N 試行では遅く走行するという各試行の強化事象を正しく反映した遂行が得られる（e.g., Capaldi, Veatch, & Stefaniak, 1966; Tyler, Wortz, & Bitterman, 1953）。

　この走行反応の分化は、先行する強化事象（R か N）が後続の強化事象（N か R）と連合するという項目間連合で説明が可能である。同様に、第 1 系列位置は R、第 2 系列位置は N というように系列位置と強化事象を連合させるという系列位置学習でも説明できる。

　単一交替系列に限らず、毎日同じ項目を同じ順序で提示する場合には、項目

間連合と系列位置学習を分離することは難しい。しかし、単一交替系列においてもある日は RNRNRNRN、別の日は NRNRNRNR というように各日で異なる強化事象から始めれば、項目間連合のみで系列が学習されることが確認できる。Koteskey & Hendrix（1971）は、このような場合にも走行分化が生起したことを報告し、系列位置に関する情報がなくても系列が学習されることから、系列位置学習ではなく、項目間連合を支持している。

　部分強化理論として対立していた Amsel（1967, 1972）のフラストレーション理論と Capaldi（1967）の系列理論を検討する目的で行われた研究であるが、結果的には系列位置学習をうまく示した最初の実験として Wike & King（1973）がある。この実験の習得期において、上昇系列群（0-45-500）と減少系列群（500-45-0）がペレット数に即した適切な走行を示していたことは、すでに第2章で述べた。しかし、彼らの実験の消去期では、報酬が与えられないことを除けば原学習と同じ3試行手続き（0-0-0）が実施され、減少系列よりも上昇系列の方が消去抵抗は大きかった。この結果は Amsel のフラストレーション理論の予測とは一致しないとして、Capaldi の系列理論に基づいた説明がなされている。

Wike & King 自身も注目していたが、彼らの実験で重要であるのは、習得期の3試行系列で確立された走行パターンが消去期でも維持されていたことである。消去時にはすべて無強化の系列が与えられるので、消去期でも習得期の走行パターンが維持されたことは、項目間連合では説明できない。これに対して、系列位置が学習されているとすれば、習得期と消去期では各試行の系列位置が変わらないので、消去期にも走行パターンが維持されたことは容易に説明できるのである。

　しかし、Wike & King はあくまでも部分強化理論の枠組みで自分たちの研究を捉えていたので、ここに系列位置学習が示されていることには気がついていなかったようである。

　この Wike & King（1973）の研究と本章の最初に述べた Roitblat, Pologe, & Scopatz（1983）の研究にラットにおける系列位置学習研究の兆しを見ることができる。しかし、当時において系列学習をリードしていたのは Capaldi の記憶

弁別理論と Hulse の法則符号化理論であった。人間の系列学習研究と同様にラットの場合にも系列位置学習が研究の表舞台に上がるのはもう少し後のことになる。

第 2 節　Burns による系列位置学習研究の登場

2-1　Burns による系列位置学習研究の背景

　近年、ラットの系列位置学習に関する研究を精力的に進めているのは Burns である。現在でも、系列学習にかかわらずラットの学習実験では食物報酬として餌ペレットが用いられるのが一般的である。これに対し Burns は、当初は様々な学習場面において報酬としてサッカロースを用い、ペレットを用いた実験で得られた結果との違いについて一連の研究を進めていた (eg., Burns, 1976, 1984: Burns & Wiley, 1984)。

　その一環として、Burns, Wiley, & Stephens (1986) は、サッカロースとペレットを報酬とする系列学習に関する実験を行っている。彼らは、ラットに RNR 系列と RNN 系列を与え、各系列の第 3 試行に先行して視覚手がかりや触覚手がかりを与える群と与えない群を比較した。その結果、手がかりを与えた群は与えない群よりも RNR 系列の第 2 試行で遅く走行し，両群とも RNN 系列の第 2 試行ではさらに走行が遅かったことを報告している。この実験がきっかけとなり、Burns の関心は系列学習に移っていったようである。

　Burns によって発表された本格的な系列学習研究は、Burns, Wiley, & Payne (1986) である。当時系列学習の中心にあったのは Capaldi (1970, 1971, 1985) の記憶弁別理論であり、特に Capaldi, Nawrocki, & Verry (1983) は、隣接している項目間に連合が成立するだけでなく、ラットは当該試行中に将来の試行での強化事象を予期するという遠隔連合の可能性を示していた。

　Capaldi et al.(1983) は、実験 1 で 2 つの 3 試行系列である RNR 系列と RNN 系列を毎日固定順序で与えた。その結果、両系列ともラットは R 試行での走行が速く、N 試行での走行が遅いという強化事象に即した走行をした。ここで注目すべきは、同じ N 試行でも RNN 系列よりも RNR 系列の第 2 試行で速く走る

という結果が得られたことである。この結果から Capaldi et al.は、RNR 系列の
第2試行の開始時にラットは第2試行の N だけでなく、第3試行での R も予
期するので、N のみが予期される RNN 系列よりも速く走るという遠隔連合を
提唱している。

2-2　**Burns, Wiley, & Payne(1986)による検討**

　Burns, Wiley, & Payne (1986) は、第2試行における走行の分化は，Capaldi,
Nawrocki, & Verry (1983) が指摘したような将来（第3試行）の強化事象に対す
る予期によるのではなく，第2試行と第3試行の系列位置に対する弁別が不十
分であったことによるという可能性を挙げた。その根拠になったのは、訓練の
進行に伴って，RNR 系列と RNN 系列の第3試行における走行の差は大きくな
り、走行の分化が発達するのに対し，両系列の第2試行の走行の差は逆に減少
するという結果であった。

　Burns et al. (1986) の実験1では、Capaldi et al. (1983) の実験1と同様に、RNR
系列と RNN 系列が用いられた。Capaldi et al.では系列間間隔は 20~30 分、系列
内の試行間間隔はすべて 30 秒であった。これに対し Burns et al.は、40 分の系
列間間隔を用いたことに加え、2つの系列の第2と第3試行間に通常用いられ
る短い試行間間隔に代えてやや長い間隔（10 分）を入れた(RN-R/RN-N；/ は
40 分の系列間間隔、- は 10 分の試行間間隔を示す）。なお、第1試行と第2
試行間の試行間隔は 30 秒であった。10 分という時間手がかりによって第2試
行と第3試行の系列位置に対する弁別が容易になり、2つの系列の第2試行に
おける走行の差が減少すると予測された。得られた結果は、この予測に一致す
るものであった。

　Burns et al. (1986) の実験2では、系列内のすべての試行間間隔が 10 分か 30
秒のいずれにおいても、RNN 系列よりも RNR 系列の第2試行で速く走るとい
う走行分化が得られていた。このことから、実験1で RNN 系列と RNR 系列の
第2試行における走行差が示されなかったのは、第2試行と第3試行間の試行
間間隔を長くしたことによって第2試行と第3試行の系列位置の弁別が容易

になったことによると考えられている。

　Burns et al.は、系列位置に基づいて遂行が説明されることは、動物実験ではハトを用いた Couvillon, Brandon, Woodard, & Bitterman (1980) や Straub & Terrace (1981) の研究で見られる以外はあまり行われていないのに対し、人間の系列学習の分析では系列位置は非常に重要であるとみなされていること（Bower, 1971; Ebenholtz, 1972）を指摘している。さらに、系列学習を含む多くの場面で位置手がかりは行動をコントロールする強力な要因であることも示唆している。

第3節　項目間連合か系列位置か (1) －同じ試行数からなる系列
3-1　Capaldi & Miller(1988a)による項目間連合

　Burns, Dunkman, & Detloff(1999)は、Burns, Wiley, & Payne (1986) 以後に発表された系列位置学習を支持する非常に挑発的で興味ある研究である。　Burns et al.(1999)の実験は項目間連合を主張する Capaldi & Miller (1988a)に対する反論として行われたので、まず Capaldi & Miller の実験を見ることにする。

　Capaldi & Miller は、Capaldi, Nawrocki, & Verry (1983)の実験では RNR 系列と RNN 系列の2つの系列が毎日固定した順序で与えられていることから、項目間連合と系列位置学習の可能性が混在していたことに注目した。そして、系列位置学習の可能性を排除するために、2つの系列の提示順序はランダムにされた。ここで系列位置だけを弁別手がかりにした場合には、ラットはどちらの系列でも第1試行は R であるので第1試行で速く走り、両系列とも第2試行は N であるので走行は遅く、第3試行は50%の不規則強化となるので速く走ることが予測される。重要なことには、系列位置学習がなされた場合には RNN 系列よりも RNR 系列の第2試行で速く走るということは見られなくなる。

　一方、Capaldi & Miller は、項目間連合に基づいて系列が学習できるように、ペレット（X）、コーン（Y）、ハニースマック（Z）という3種類の異なる報酬を強化試行に用いた。そして、Capaldi et al. (1983)や Burns et al. (1986)の実験で用いられた RNR 系列と RNN 系列に基づいて、XNY 系列（第1、3試行が強化試

行で第2試行が無強化試行）と ZNN 系列（第1試行のみが強化試行）の2系列を用いた。

　この2系列をランダムな順序でラットに提示したところ、両系列で強化事象に一致する走行が示されると共に、ZNN 系列よりも XNY 系列の第2試行で速く走るという Capaldi et al.(1983)と同様な結果が得られている。この結果から、Capaldi & Miller は、ラットは第1試行が Z であればそれは ZNN 系列であり、第1試行が X であれば XNY 系列であることを弁別し、XNY 系列の第2試行では第3試行の Y を遠隔予期した分だけ走行が速まったとして、項目間連合を強調している。

3-2　**Burns, Dunkman, & Detloff(1999)による系列位置学習の検証**

　Burns, Dunkman, & Detloff(1999)は、Capaldi & Miller（1988a）が用いた3種類の報酬に加え、走路手がかりを系列弁別手がかりとして与えた。ラットは、白走路で XNY 系列を受け、黒走路で ZNN 系列を与えられるという原学習を 30 日間受けた。なお、系列の提示順序はランダムであり、系列順序からはどちらの系列が行われているかは分からないようにされた。実験の結果、1つの走路で XNY 系列と ZNN 系列を与えた Capaldi & Miller の報告と同様に、強化事象に一致した走行パターンが得られ、また ZNN 系列よりも XNY 系列の第2試行での走行が速かった。

　しかし、Burns et al.(1999)は、Capaldi & Miller（1988a）とは異なり、30 日の原学習後に転移手続きを行った。31 日目に黒走路で XNY 系列、白走路で ZNN 系列を与えるというように走路と系列の関係が逆転された。しかし、ラットは転移前と同様黒走路では「速－遅－遅」、白走路では「速－遅－速」という走行を示した。転移前後で項目手がかりは変化しているので、この結果は、転移後の反応が各走路における系列位置手がかりによって統制されていることを示している。

　また、32 日目から 36 日目まで白走路で XNY 系列、黒走路で ZNN 系列という原学習を再び行った後、37 日目に第2転移として白走路で ZNY 系列、黒走

路で XNN 系列というように両系列の第 1 試行の強化事象だけを変えた。しか
し、原学習で得られた走行パターンが崩れることはなかった。

　さらに、Burns et al.の実験 2 では、白走路で XNY 系列、黒走路で ZNN 系列
という実験 1 と同じ原学習を 32 日間行った後、33 日目にすべて無強化の NNN
系列に転移された。この NNN 系列への転移においても、ラットは白走路では
「速−遅−速」、黒走路では、「速−遅−遅」という原学習と同じ走行パター
ンを示していた。このようにどのような転移がなされても、ラットは原学習で
の走行パターンを維持していた。転移前後で位置手がかりは同じであるが、項
目手がかりは変化しているので、Burns et al.は、転移後の走行が位置手がかり
によって統制されていることを結論づけている。

　ここで、興味深いのは、Burns et al.(1999)の実験 2 と先に触れた Wike &
King(1973)の実験との類似である。Wike & King の実験では、報酬強度の上昇
系列群と減少系列群の両群ともが訓練期に確立された走行パターンを消去期
でも維持していた。Burns et al.の実験 2 における NNN 系列への転移はまさに
Wike & King が行った消去訓練と同じものであり、一旦形成された走行パター
ンは転移によっては崩れないこと、つまり系列位置学習の重要性が Burns et al.
の約 25 年前に Wike & King の研究ですでに示唆されていたことになる。

第 4 節　項目間連合か系列位置か (2) −異なる試行数からなる系列
4-1　項目間連合の検証

　すでに指摘したように、Burns, Dunkman, & Detloff(1999)の研究は、項目間連
合を主張する Capaldi & Miller(1988a)に対する反論として行われていた。Burns
et al.(1999)の次に発表された重要な研究は Burns, Kinney, & Criddle(2000)であ
るが、彼らの研究は項目間連合を示した Capaldi, Alptekin, Miller, & Birmingham
(1997)に対する反論として行われた色合いが強い。

　これまでに本章で触れた研究では、RNR 系列と RNN 系列(Burns, Wiley, &
Payne,1986; Capaldi, Nawrocki, & Verry, 1983)や XNY 系列と ZNN 系列(Burns,
Dunkman, & Detloff, 1999; ; Capaldi & Miller, 1988a)というように、同じ試行数か

らなる2つの系列が与えられていた。試行数が同じ系列を用いた場合には、系列位置と項目間連合が混在してしまうという欠点がある。そこで、Capaldi et al. (1997) は、系列位置学習の多くの証拠 (eg., Burns, Wiley, & Payne, 1986; Burns, Dunkman, & Detloff, 1999) はこのような混在された実験から得られていることを問題視し、試行数の異なる複数の系列を提示することによって、系列位置と項目間連合を巧妙に分離した。

　Capaldi et al. (1997) の実験1では、項目適切群と位置適切群が比較された。項目適切群は、灰色走路で毎日3つの系列、SN系列、PSN系列、PPSN系列をランダムに受けた（Sはサッカロース、Pはペレット、Nは無強化を示す）。この群では、S試行に必ずN試行が続き、直前項目SがNに対する信頼ある信号になる。しかし、ある系列では第2試行がN試行であり、別の系列では第3試行がN試行であるというように、系列位置と強化事象は一定ではない。

　もう1つの群である位置適切群は、PPN系列、PSN系列、SSN系列、SPN系列をランダムに受けた。この群では、どの系列でも第3試行はN試行であったが、Pの後にPやSやNがそれぞれ続くことがあり、項目間連合では強化事象は予測できない。

　訓練の結果、両群とも報酬が与えられるP試行とS試行では速く走っていたが、項目適切群がN試行で遅く走ったのに対し、位置適切群はN試行での走行は遅くならなかった。この結果は、系列位置では説明できず、項目間連合を支持する結果であった。さらに、Nが新奇な位置にある系列 (PPPSN) に転移すると、項目適切群ではすぐにNに対する遅い走行が生起したが、位置適切群ではそのような結果は示されず、系列位置学習ではなく項目間連合が学習されたことが確認されている。

　Capaldi et al. (1997) の実験2では、項目手がかりも位置手がかりも適切であるPSN系列で訓練された群と、SN系列、PSN系列、PPSN系列の3系列を受けるという項目手がかりだけが有効であった群が比較された。実験の結果、この2群間には遂行の違いがなく、位置手がかりが学習には関与していないことが示唆されている。

4-2　系列位置学習の検証

Burns, Kinney, & Criddle（2000）は、Capaldi, Alptekin, Miller, & Birmingham(1997)の結果に対し、試行数が異なる系列で示された実験 1 での最終 N 試行の遅い走行は項目間連合で説明できるとしても、位置手がかりの有無で差がなかったという実験 2 の結果は系列位置学習がなされていないことの証拠にはならないと主張した。

そして、位置手がかりが有効である条件下で強化事象の有効性を操作した系列を用いて、Burns, Dunkman, & Detloff(1999)や Wike & King（1973）が行ったのと同様な NNN 系列への転移が行われた。記憶固定群は、最初の強化事象が 2 番目の強化事象を信号し、2 番目の強化事象は N を信号するという PSN 系列で訓練された。この系列は 3 試行からなっているので、各試行に連合した位置手がかりもその試行の強化事象に対する有効な信号となる。

もう 1 つの群である記憶変動群は、第 3 試行は常に N 試行であるが、第 1 と第 2 試行の強化事象は系統的に変えられる群であり、PSN 系列、SSN 系列、PPN系列、SPN 系列がランダムに与えられた。

32 日間の訓練後の 33 日目に転移期として両群に NNN 系列が与えられた。転移期でも最初の 2 試行で速く第 3 試行で遅いという走行パターンが維持されれば、位置手がかりが用いられていたことの証拠となり、転移で強化事象が変更されたときに走行パターンの変化が起きれば、項目間連合の証拠となると考えられた。

実験の結果、習得期では両群とも第 1・2 試行の強化試行では速く走り、第 3 試行の N での走行のみが遅いという強化事象に即した走行が得られた。さらに、転移期でも習得期と同様に第 3 試行の走行は第 1・2 試行よりも遅く、両群のラットは訓練時に獲得した走行パターンを維持していた。もし走行パターンが項目間連合のみに基づいて学習されたのであれば、転移での強化事象の変更は走行パターンの変化を生じさせるはずであったが、そのようなことは得られなかった。

Burns et al.（2000）の実験 2 では、さらに NNN 系列への転移だけでなく、SSS

系列や PPP 系列への転移を調べている。実験１では NNN 系列への転移で第３試行のみが遅いという結果が得られていた。ここで、第３試行は N 試行が２試行連続した後の試行であるので、第３試行の遅い走行が消去結果を反映したものではないことを確認するために実験２が行われた。

　38 日間の訓練では SNP' 系列と PNP' 系列が与えられ（S と S' はそれぞれサッカロース４個と８個、P と P' はペレット４個と８個、N は無報酬を示す）、その後、39・40 日目に NNN 系列、SSS 系列、PPP 系列へのいずれかに転移された。その結果、習得期に示された「速－遅－速」という走行パターンはどのような系列に転移されても維持され、系列位置学習が成立していたことが確認された。

　以上のように、実験１、２とも転移の結果は項目間連合ではなく、系列位置学習を支持するものであった。しかし、実験１で第３試行の N 試行での遅い走行が示されたのは、第１・２試行の強化事象が変えられた記憶変動群よりも、強化事象と位置が完全に関連していた記憶固定群の方が早かった。強化事象が変化する系列（PSN、SSN、PPN、SPN）で訓練された群は、P と S という２種類のうちの１つが次試行の強化事象（S か P）を信号し、２つの連続する強化事象（PS, SS, SP）が N を信号するということを学習するという難しい記憶弁別をしなくてはならない。これに対し、PSN で訓練された群は常に P が S を、S が N を信号することになり強化事象の弁別が容易であったことから、Burns et al.（2000）は、系列学習において位置学習が優位であることを主張しながら、項目間連合の関与も認めている。

4-3　Capaldi と Burns による結果の不一致に関する検討

　Capaldi, Alptekin, Miller, & Birmingham（1997）と Burns, Kinney, & Criddle（2000）の研究は、それぞれの立場を支持する結果を報告している。しかし、両者が報告した結果には矛盾があることも確かである。Capaldi et al.の実験１では、PSN 系列、SSN 系列、PPN 系列、SPN 系列がランダムに与えられ、系列位置だけが手がかりであった群は、訓練終了時まで N 試行である第３試行で遅く走ること

はなかった。これに対し、Burns et al.の実験 1 では、PSN 系列、SSN 系列、PPN 系列、SPN 系列がランダムに与えられ、系列位置だけが手がかりであった群は、第 3 試行の N 試行での走行のみが遅いという走行パターンが獲得されていた。

　Burns & Criddle（2001）は、この結果の食い違いの原因として、Capaldi et al.では 18 日間、Burns et al.では 32 日という両者の訓練期間の違いに注目した。訓練初期では各試行でのラットの走行時間はまだ安定していないので、実験者が試行間間隔を一定に保っていても、第 1 試行の開始から第 3 試行の開始までの時間はかなり変動する。これに対し、訓練後期では各試行でのラットの走行が安定するので、第 1 試行の開始から各試行の開始までの時間はほぼ一定となる。つまり、第 1 試行からの時間経過が系列位置手がかりとして用いられているのであれば、この手がかりは訓練初期では有効ではなく、訓練後期では有効に機能することが仮定される。

　そこで、Burns & Criddle（2001）は、ラットを 3 試行系列 SNP 系列で訓練し、訓練初期である 19 日目に NNN 系列に転移する群と訓練後期の 39 日目に転移する群を比較した。もし系列位置に関与する手がかりが時間的なものや反応によるものであれば、系列位置の効果は訓練の初期ではなく、SNP 系列で「速−遅−速」という一貫した走行パターンが確立した後期で生起することが期待された。

　実際、19 日の訓練後にはラットは SNP 系列の N 試行で遅い走行を示したが、走行時間は安定せず、系列の第 1 試行の開始から第 2 試行、第 3 試行までの経過時間も一定ではなかった。しかし、第 1 試行や第 3 試行よりも第 2 試行での走行が遅いという SNP パターンは NNN 系列への転移でも維持されていた。したがって、時間間隔や反応時間が変動するか一定であるかにかかわらず系列位置学習が示されたことになり、時間や反応手がかりは位置学習に対して重要ではなかった。

　また、SNP 系列で N の記憶が P を予期するのであれば、NNN 系列への転移では 3 試行とも速い走行を生じさせることが予測されるが、そのような結果は得られていない。Burns & Criddle の実験は、訓練期間にかかわらず位置学習が

なされることを示しているが、18 日間の訓練では位置学習がなされなかったという Capaldi et al.(1997)の結果がなぜ得られたかに関する明確な回答は得られないままである。

第5節　項目間連合か系列位置か⑶ −時間的手がかりと転移

5-1　系列位置学習における時間的手がかり

Burns & Criddle(2001)は、訓練初期と訓練後期を比較することによって系列位置学習において時間的手がかりは重要ではないことを示していた。しかし、彼らの実験は厳密に時間的要因を統制したものではなかった。

　時間的手がかりの影響を直接的に検討した研究は、Burns, Johnson, Harris, Kinney, & Wright(2004)である。彼らは実験 1 において SNP 系列で安定した走行パターンが得られるまでラットを訓練した。その結果、第 1 試行から第 2 試行開始までの時間が第 3 試行の開始までよりも平均して 74 秒短いことが分かった。そこで、系列は SNP のままで第 1 試行から第 2 試行開始までの時間を 74 秒に固定してさらに訓練が続けられた。ラットが第 1 試行から 74 秒経過したことを第 3 試行の弁別手がかりとして用いているのであれば、第 2 試行の走行はそれまでの第 3 試行のように速まることが予測された。しかし、そのようなことは見られず、「速−遅−速」という SNP 走行パターンは維持されていた。

　また、SNP 系列から NNN 系列に転移された群では、Burns & Criddle(2001)と同様に NNN 系列への転移でも SNP 走行パターンは維持され、系列位置学習が成立していたことが確認されている。しかし、第 1 試行と第 2 試行間の試行間間隔を 74 秒として NNN 系列に転移した群では、SNP 走行パターンは崩れ、第 2 試行での遅い走行は得られず、第 1 試行から第 3 試行まで比較的速い走行が示された。

　この結果は、SNP 系列で N の記憶が強化事象 P の信号となっているという項目間連合から説明できる。つまり、NNN 系列では第 2 試行で N の記憶が生起するので、ラットは P を予期して速く走ったと言える。このように、転移によって時間的要因と項目間連合の両者が変更された時には、項目間連合が優位

になる可能性がある。

　SNP 系列において第 1 試行と第 2 試行間の試行間間隔を 74 秒に延長するという転移によって SNP 走行パターンは維持されること、第 1 試行と第 2 試行間の試行間間隔を 74 秒に延長した NNN 系列への転移では SNP 走行パターンが崩れることは、強化事象についての記憶が時間とはリンクしていないという仮定（Capaldi, Nawrocki, Miller, & Verry, 1986a）に基づけば、項目間連合から説明することも可能となる。

5-2　試行数が異なる系列への転移による検討

　Burns, Johnson, Harris, Kinney, & Wright（2004）は、実験 2 で SNP 系列から NP 系列や SSNP 系列の転移というような試行数の異なる系列への転移の影響を検討している。このような試行数が異なる系列への転移はすでに Capaldi & Miller（2001）が行っていた。

　Capaldi & Miller は、強化事象と系列位置の両者の学習が可能である PSN 系列で訓練したラットを SN 系列や PPSN 系列に転移している。その結果、ラットは転移系列の N 試行に対する走行のみが遅く、他の試行に対する走行は速かった。もしラットが PSN 系列の位置のみを学習すれば、第 3 試行は訓練時にはいつも N であったので、転移での PPSN 系列の第 3 試行の S に対する走行が遅くなるはずである。

　これらの結果について、Capaldi & Miller は項目間連合の観点から、ラットは PSN 系列において S の記憶が N を信号することを学習したことによって、SN 系列、PPSN 系列での N 試行に対する走行が遅くなったことを説明している。また、SN 系列、PSN 系列、PPSN 系列をランダムに与えるという項目間連合による学習のみが可能な群は、PSN 系列への転移でも N 試行での遅い走行を得ており、項目間連合が確認されている。

　これに対し、Burns et al.（2004）は、Capaldi & Miller（2001）が用いた PPSN 系列のように N 試行を最終試行に置くよりは、系列の真ん中に置いた方が N 試行に P 試行などの他の試行を後続させることができ、N の記憶の効果も検討でき

ると考えた。また、Capaldi & Miller の実験では、同じラットに1日にすべての
転移系列を与えていたのに対し、Burns et al. は異なる系列に転移する群を設け
た。具体的には、実験2では SNP 系列で訓練した後に SSNP 系列に転移する
群、NP 系列に転移する群、そのまま SNP 系列で訓練が続けられた統制群の3
群が比較された。

　その結果、これまでの多くの研究（eg., Burns & Criddle, 2001; Capaldi & Miller,
2001）と同様に、習得期では SNP 系列に対し第2試行のみが遅いという走行パ
ターンが形成された。その後の転移期では、SSNP 転移群は第1試行 S で速く
走り、第2試行 S での走行が遅く、N 試行である第3試行の走行が速かった。
これは、訓練の SPN 系列で系列位置学習がなされていたことを示す結果であ
る。

　一方、項目間連合によれば、SNP 訓練では S の記憶が N の予期を引き起こす
ので、SSNP 転移系列において S 試行に後続する試行である第2試行と第3試
行で共に遅い走行を生じさせるという予測が成り立つ。得られた結果はこの予
測とは一致しなかった。

　しかし、SNP 系列で系列位置学習だけが生起していたのであれば、SSNP 群
の第3試行の走行は SNP 統制群の第3試行と同様に速くなるはずであったが、
第3試行の走行は SSNP 群の方が遅く、この結果は系列位置学習に加えて S の
記憶による N の予期という項目間連合も機能していたことを示している。ま
た、NP 系列の第2試行 P は第1試行 N よりも遅かったことは習得期における
系列位置学習を示していた。しかし、NP 系列の第2試行 P は同じ系列位置で
ある SNP 統制群の第2試行 N よりも速かった。SSNP 群の第4試行 P で速い
走行が見られたことは、ラットは転移前には第4試行は経験していなかったの
で、系列位置学習からは説明できない。Burns et al. (2004) は、これらの結果に
ついて、位置学習と共に項目間連合が働いたことを一部で認めている。

第6節　系列学習における反応パターンの影響
　これまで見てきたように Burns の研究は、系列学習が系列位置学習によるの

か、あるいは Capaldi が主張するような項目間連合によるのかについて焦点を当てたものがほとんどである。その一方で、Burns は、系列位置学習における位置情報としてどのような刺激が重要であるかの検討も行っている。すでに述べたように、Burns & Criddle(2001)や Burns, Johnson, Harris, Kinney, & Wright(2004)の実験 1 では、時間的な要因が調べられ、第 1 試行からの経過時間が系列位置情報の手がかりとはなっていないことが報告されていた。

　Burns, Kinney, & Criddle (2000)は、系列位置情報として系列位置の時間的要因、系列位置の計数、位置ごとに異なる反応生起手がかり、反応パターンなどを挙げている。反応生起手がかりや反応パターンに関して、古くは Lashley(1951)によって、系列学習において各反応が運動系列に組織化されることが提唱されている。Schwartz(1982)はこの Lashley の考えを発展させ、組織化された行動パターンを行動ステレオタイプと呼んだ。そして、反応の結果に変化が生じても、行動ステレオタイプは強固であることが示唆されている。

　これまで SNP 系列では「速－遅－速」という規則的な行動パターンが形成され、NNN 系列などの他の系列に転移されても、このパターンは維持されることが報告されている(e.g, Burns & Criddle, 2001; Capaldi & Miller, 2001)。このような結果を反応パターンという観点から説明することができるかについても検討する必要がある。

　Burns, Racey, & Ratliff(2008)は、系列学習における反応パターンの影響を詳しく研究している。その先駆けとなったのは、Burns et al.(2004)の実験 4 である。この実験では、まず RNR 系列の訓練が行われた。ある特定の強化事象が特定の強化事象を予測することができないように、強化事象 R としてはサッカロース 4 個と 8 個の S、S'、ペレット 4 個と 8 個の P と P'の 4 種類がランダムに用いられた。RNR 系列の訓練で「速－遅－速」パターンが確立した後に、RNR 系列の第 1 と第 2 試行のいずれかでラットを走行させずに直接目標箱に留置し、反応させないで強化事象を与えた。

　その結果、第 1 試行で留置が行われても第 2 試行の遅い走行が崩れることはなく、第 2 試行で留置が行われても第 3 試行の速い走行が崩れなかった。この

結果は、反応がなくても位置効果が得られることを示しており、系列位置学習は反応パターンの結果ではないことを示唆している。

Burns et al.(2008)は、系列の転移についても目標箱留置手続きで検討している。Burns et al.では、26日間にわたってRNR系列が1日3回提示された。その際に、出発箱から取り出されて走行なしで直接目標箱に入れられるという目標箱留置が、各系列のうちのランダムな1試行で行われた。その後の転移では、目標箱留置なしでNNN系列が与えられた。その結果、RNR系列ではどの試行で留置がなされたかにかかわらず、「速－遅－速」パターンが獲得され、走行パターンはNNN系列に転移されても維持されていた。

さらに、26日にわたり目標箱留置なしでRNR系列を1日3回与えた後に、NNN系列のどこかの1試行でランダムに目標箱留置を行ったが、「速－遅－速」という走行パターンは訓練でも転移でも得られていた。訓練期の走行パターンが転移でも維持されることは、目標箱留置が行われていなかった多くの研究(e.g., Burns, Dunkman, & Detloff, 1999, Burns, Kinney, & Criddle, 2000)でも報告されている。つまり、系列位置学習は反応手がかりがなくても成立していた。

第7節　項目間連合も系列位置学習も

7-1　項目間連合と系列位置学習の混在

ラットの系列学習研究は、1980年代は項目間連合を主張するCapaldiと系列の法則構造に焦点を当てたHulseが激しく対立していた。本章で見てきたように、1980年代後半以降はCapadiと系列位置学習を主張するBurnsとの論争へと対立構造は変化してきた。

両者が実験に良く用いているRNR系列、RNN系列、SNP系列などの系列位置と強化事象が固定された系列では、項目間連合と系列位置学習は常に混在してしまうという問題がある。Couvillon, Brandon, Woodard, & Bitterman(1980)は、系列位置と強化事象の両方が有効である時には両者が共に行動に影響することを報告している。しかし、項目間連合を支持する実験では位置学習を完全に除外していないことが多く、その逆もまた当てはまる。

　系列位置学習には多くの訓練が必要であるのに対し、項目間連合による学習は速やかに成立することが指摘されたこともある（eg., Capaldi, Alptekin, Miller, & Birmingham, 1997）。Neath & Capaldi（1996）は、食物強化事象に対する記憶は空腹なラットでは特に顕著であり、この記憶は系列位置手がかりよりも遂行に対してより大きなコントロールを獲得すると考えている。また、Capaldi & Miller（2004）によれば、系列課題において弁別反応を媒介するのは系列位置手がかりと項目手がかりのいずれであるかということは適切な問題ではなく、位置手がかりよりも項目手がかりが有力になるのはどのような状況か（あるいはその逆）が重要であると言う。

7-2　項目間連合と系列位置学習の分離

　本章で見てきたように、項目間連合と位置学習をうまく分離できる手続きが次々と考案されてきたのも事実である。その 1 つが Burns, Dunkman, & Detloff(1999)の転移実験である。訓練系列から別の系列に転移しても、訓練系列で獲得された走行パターンが維持されるという結果は、項目間連合では説明できず、系列位置学習が成立していることをうまく示していた。

　これに対し、Capaldi, Alptekin, Miller, & Birmingham（1997）は、SN 系列、PSN 系列、PPSN 系列というような試行数が異なる複数の系列を提示することによって、項目間連合を用いたときのみに系列の予測ができることを報告した。Capaldi & Miller（2001）は、項目間連合と系列位置の両者が強化事象に完全に関連した系列で訓練し、その後項目間連合はそのままで系列の試行数を変えた系列に転移することを行っている。

　項目間連合と位置を完全に分離した一番新しい研究は、Capaldi et al.（1997）とは逆に、項目間連合ではなく位置手がかりのみが系列を予測するという手続きを用いた Burns, Racey, & Ratliff（2008）の実験 2 である。

　彼らの実験では、試行間間隔 20 秒、系列間間隔約 20 分で、RRN 系列、RNN 系列、NRN 系列、NNN 系列のうちの 2 系列が毎日ランダムに与えられた。この 4 系列は、第 3 試行は常に N 試行であるが、第 1 試行と第 2 試行は N 試行

となるか R 試行となるかの確率は共に 50％である。したがって、ラットは項目間連合では第 3 試行の N を予測することはできなかった。しかし、第 3 試行の N 試行での走行は遅く、項目位置に基づいて第 3 試行を予期するという系列位置学習が成立していた。

その後の転移では、2 つの系列について系列間間隔を試行間間隔と同様に短くして、RRNRNN 系列、NRNNNN 系列というように 1 つの 6 試行系列としてラットに提示した。その結果、2 つの系列を分ける時間的な分節手がかり（長い系列間間隔）が除去されて、2 つの 3 試行系列が 1 つの 6 試行系列として提示されても、N 試行である第 3 試行と第 6 試行での走行が他の試行よりも遅く、習得期と同様な走行パターンが転移期でも維持されていた。

矢澤 (1990, 1991) や Yazawa & Fujita (1984) は、ラットの系列学習では長い時間間隔が系列を分ける分節手がかりとなることを報告している。また、Fountain, Henne, & Hulse (1984) は、時間的な分節手がかりが除去されると、チャンキングが崩れることを示している。これに対し、Burns et al. (2008) の実験 2 は、2 つの 3 試行系列を分けている分節手がかりを除去した時にも、ラットは 6 試行系列の第 6 試行を 2 つ目の系列の第 3 試行と見なしていたことになる。

本章では系列位置学習に着目して、Burns の研究の流れを Capaldi の研究と比較しながら検討してきた。1980 年代以降におけるラットの系列学習研究は、系列位置学習以外にも、計数 (e.g., Burns, Goettle, & Burt, 1995, Capaldi & Miller, 1988bc) やチャンキング (eg., Capaldi, Miller, Alptekin, & Barry, 1990; Cohen, Westlake, & Pepin, 2001) に焦点を当てて発展している。このような新しい研究の流れについては、第 4 章以降で詳しく検討する。

第4章　計数研究の展開

　第 1 章で述べたように、部分強化に関する理論である Capaldi(1964, 1966, 1967) の系列理論では、無強化は内的な記憶 S^N を引き起こし、S^N は次試行で強化が与えられたときに走行反応と条件づけられること、無強化（N）試行が連続する場合には S^N が漸進的に変容することが仮定されていた。そこでの重要な変数が強化（R）試行に先行する連続無強化試行数（N-length）であった。

　R 試行に N 試行が 1 試行先行した場合(NR)には N-length は 1 であり、R 試行に 2 試行 N 試行が先行した時(NNR)には N-length は 2 となる。ラットは何試行の N 試行が R 試行に先行したか（1 試行 S^{N1}、2 試行 S^{N2}、3 試行 S^{N3}）を適切に記憶でき、各 N-length に連合した記憶が報酬の信号になると考えられた。これは、ラットが N 試行数を計数できることを示唆するものである。

　そこで第 4 章では、系列学習において計数に焦点を当てた研究について見ていくことにする。

第1節　無強化（N）試行数の計数に関する研究

1-1　動物における計数研究の歴史

　動物が数を数えることができるかに関する研究の歴史は古い。中でも有名であるのは、足し算、分数の計算、約分ができたという 20 世紀初めの「賢い馬ハンス」の話である。しかし、ハンスは実際に計算ができたのではなく、表情やしぐさなど飼い主の無意識に発するわずかな身体的手がかりを用いていたことが明らかになる（詳しくは Fernald, 1984 参照）。そして、動物を用いた研究に対して、きわめて短時間の刺激であっても反応に影響を及ぼす恐れがあることから、誤りのきっかけになり得るあらゆる可能性を最初から排除した厳密な実験を組む必要性が認識された(Dehaene, 1997)。

　「賢いハンス」以降も動物の計数能力について、様々な研究が行われた。鳥

類では、Koehler(1951)がヤコブというカラスを訓練し、数えるべき点の大きさ
や形、位置などをランダムに変えても、カラスは5という点の数を正確に数え
たことが示されている。さらに、Koehler(1956)は、ハトでは5、コクマルガラ
スが6、ワタリガラスは7まで数えたことを報告している。Koehlerの研究は実
験的統制が不十分であったことから信頼性が低いという指摘もあるが
(e.g., Davis & Bradford, 1986)、Pepperberg(1987)の研究では、オウムの一種であ
るヨウムが皿の上に並べた物体の数を数えるという課題において、6までの個
数をかなりの正確さで答えていた。

　ラットではMechner(1958)が、Bのレバーを何回か押した後でAのレバーを
押すと報酬として餌を与え、要求された回数に満たないうちにAのレバーを押
すと罰を与えるという実験を行った。その結果、レバーBを押す回数が4回の
群、8回の群、12回の群、16回の群とも、レバーBをそれぞれ要求された回数
押した後にレバーAを押すことが一番多く、反応数が手がかりとなっていた。
Fernandes & Church(1982)は、提示されたホワイトノイズの回数が2回なら右の
レバー、4回なら左のレバーを押すように訓練し、ラットが2と4を弁別でき
ることを見出している。

1-2　部分強化における無強化 (N) 試行の計数

　第3章でも述べたように、R試行とN試行が交互に行われる単一交替系列
(RNRNRN)では、ラットは訓練に伴いN試行よりもR試行において速く走る
ようになる(eg., Tyler, Wortz, & Bitterman, 1953; Capaldi & Stanley, 1963; Capaldi &
Spivey, 1964; Jobe, Mellgren, Feinberg, Littlejohn, & Rigby, 1977)。これらの結果
は、ラットが先行する強化事象を記憶できると共に、ラットはR試行の前にN
試行が1試行生起するということ、つまりN試行数1回を計数できる可能性を
示すものであった。

　さらに、Yazawa & Fujita(1984, 実験1)は、4試行のN試行にR試行が続く
NNNNR系列において、第5試行のR試行における走行が各N試行よりも速
く、N試行が4試行続いたという記憶 S^{N4} がR試行の予期に用いられることを

報告した。これは、言い換えれば、ラットはN試行が4回連続することを計数していることになる。また、NNRNN系列（Yazawa & Fujita, 1984, 実験1、NNNRNN系列（矢澤, 1991）でもR試行での走行がN試行よりも速く、それぞれ連続N試行数である2回や3回を計数していたと言える。

　以上の研究ではラットに単一の系列を学習させていたが、Capaldi & Verry(1981)の実験5では、2つの系列を与えた場合にもラットがN試行数を計数していることが示されている。彼らの実験では、R試行にN試行が4試行続くRNNNN系列と4試行のN試行にR試行が続くNNNNR系列の2つの系列が毎日ランダムに与えられた。この実験では第1試行がNかRかの手がかりはなかったので、ラットは両系列の第1試行では共に速く走ったが、第1試行が与えられると、各系列のすべての後続事象を正しく予期した。つまり、RNNNN系列では第2から第4試行のN試行での走行が遅かったのに対し、NNNNR試行では第2試行から第4試行のN試行よりも第5試行のR試行の走行が速く、第5試行のRを正しく予期していた。この結果も、NNNNR系列ではラットがN試行数4回を計数していたことを示すものである。

　しかし、厳密には以上のYazawa & Fujita(1984)、矢澤(1991)、Capaldi & Verry(1981)の研究は、系列位置(e.g., Burns, Wiley, & Payne, 1986)や時間的手がかりなどの計数以外の可能性を排除したものではなかった。系列における何番目の系列位置であるかについては計数が関係するとしても、試行間間隔や目標箱留置時間がほぼ一定で各試行が行われていたため、ラットは系列の開始からの時間経過や目標箱留置時間などの時間的手がかりを用いることも可能であった。

1-3　系列位置や時間的手がかりを除去した場合のN試行数の計数

　系列位置や時間的手がかりを完全に除去して、ラットが連続N試行数を計数できるかを検討したのが、Capaldi, Miller, & Alptekin(1988)の研究である。彼らは1試行のN試行に必ずR試行が後続する2つのR系列(RNRRR系列とRRRNR系列)とN試行が3試行連続した後の試行が必ずN試行となるRNNNN

系列の3つの系列を毎日それぞれ3回ずつランダムに提示した。その結果、2つのR系列におけるN試行直後のR試行の走行が速いのに対し、RNNNN系列の最終N試行である第5試行の走行は遅かった。これは、1回のN試行はR試行の信号となり、N試行が3回続くことがN試行に対する信号となること、つまり、ラットは連続的に提示されたN試行数を計数することを示している。

　なお、2つのR系列では共に第5試行がR試行であり、この試行では速い走行が得られているので、RNNNN系列の第5試行の走行が遅いことは系列位置からは説明できない。また、訓練後期に目標箱留置時間を15秒から45秒に変更してもRNNNN系列における第5試行の遅い走行が維持されていたことから、時間的要因が手がかりとなっていないことも確認された。

　このように、部分強化理論であるCapaldiの系列理論で強調されたN-lengthという変数に関する検討が、ラットが連続N試行数を計数できるという計数研究に発展してきたことが分かる。そして、N試行数研究がCapaldi & Miller(1988b)とBurns & Sanders(1987)のようなR試行数の計数研究へと繋がっていく。

第2節　系列学習における強化（R）試行数の計数研究の始まり

2-1　2つの系列を用いたCapaldi & Miller(1988b)の実験

　系列学習において計数に直接焦点を当てた代表的な研究は、ラットが強化(R)試行数を計数することを明確に示したCapaldi & Miller(1988b)である。彼らの実験1では、第1・2試行が強化(R)試行であり第3試行が無強化(N)試行である3試行からなるRRN系列と、第2・3試行がR試行で第1・4試行がN試行であるNRRN系列の2つの系列が毎日3回ずつランダムな順序で提示された。

　ここでの一番の関心は、各系列の最終N試行でラットは無強化を予期して遅い走行を示すかであった。第3章で詳しく検討したように、Burns(eg., Burns, Wiley, & Stephens, 1986)は、ラットが系列位置を手がかりとして用いることを指摘している。しかし、最終のN試行はRRN系列では第3試行、NRRN系列

では第4試行で生起しており、RRN 系列の最終 N 試行である第3試行の位置
は NRRN 系列では R 試行であるので、系列位置からでは両系列の最終 N 試行
を予期することはできない。実験の結果、訓練の進行に伴って両系列とも最終
N 試行の走行のみが遅くなり、ラットは最終 N 試行を正確に予期していた。

　しかし、この結果だけでは、R 試行が2試行連続（RR）するという R 試行数
の計数によってラットは両系列の最終 N 試行を予期したと言い切ることはで
きない。本章の最初で述べた「賢い馬ハンス」の例のように、動物がどのよう
な刺激を弁別手がかりとしているかを調べるためには、厳密に様々な可能性を
排除していく必要がある。例えば、訓練 13 日目まで試行間間隔は 15 秒であり、
第1試行の N 試行とすべての R 試行では 15 秒間ラットを目標箱に留置してお
り、系列開始からの経過時間や目標箱留置時間などの計数以外の手がかりをラ
ットが用いることができた。

　Capaldi & Miller (1988b) の実験1では、弁別反応が出現した後の訓練 14 日目
から R 試行での目標箱留置時間を 30 秒に延長したり、15 日目には試行間間隔
も 15 秒から 30 秒に変更されたが、弁別反応に何ら影響しなかった。また、実
験1と同じ訓練をして訓練第 25 日目に R 試行における目標箱留置時間を 15 秒
から7秒に短縮した実験2においても、弁別反応は崩れなかった。これらのこ
とから、弁別刺激として時間的な要因が用いられていたという可能性は除くこ
とができる。

　我々がサイコロの目を見て一瞬に目の数がわかるように、同時に提示された
少数の事象を計数することなく視覚的理解によって事象数を弁別する方法と
して即時把握 (subitizing) がある (e.g., Mandler & Shebo, 1982)。しかし、Capaldi &
Miller (1988b) は、試行間間隔を 15 秒から 30 秒に延長しても N 試行の予期が崩
れなかったことから、15 秒や 30 秒離れて経時的に提示される R 事象をラット
が即時把握するとは考えにくいとしている。

　さらに Capaldi & Miller (1988b) は、RRN 系列と NRRN 系列では先行する2試
行が等しい（RR）時には遅く走り、異なれば（NR あるいは先行試行なし）速
く走るという方略を用いている可能性を検討するために、実験4では RRRN 系

列と NRRRN 系列を提示した。その結果、両系列とも最終 N 試行で遅い走行が得られ、2 試行が等しい時には遅く走り、異なれば速く走るという方略は用いていないことが確認された。さらにこの結果は、ラットが連続 R 試行数を 3 まで計数できることを示している。これらのことから、最終 N 試行に対する弁別手がかりとして計数以外の可能性は排除されていき、Capaldi & Miller はラットが R 試行数を計数していると主張する。

2-2　Burns によるR試行の計数実験

　Capaldi & Miller (1988b) の 1 年前には Burns & Sanders (1987) もラットが R 試行数を計数することを報告していた。公刊年は Burns & Sanders の方が 1 年早いが、彼らの論文には Capaldi & Miller の論文が印刷中として引用されていることから、両者の研究はほぼ同時期に行われていたと思われる。

　Burns & Sanders は、26 日間の訓練において R 試行が 2 試行連続した後に最終 N 試行が続く NRRN 系列と RRN 系列を黒走路で、3 試行 R 試行が連続した後に最終 N 試行が後続する NRRRN 系列と RRRN 系列を白走路で提示した。その結果、4 つのすべての系列で最終 N 試行での走行が遅く、ラットは連続 R 試行数を計数し、しかも走路手がかりによって 2 と 3 を区別していた。

　さらに、連続 R 試行数は崩さずに系列位置や試行数を変化させるために、訓練 27・28 日目の 2 日間では N 試行で始まる系列の最初に N 試行を付加した。つまり、NRRN 系列を NNRRN 系列に、NRRRN 系列は NNRRRN 系列にそれぞれ転移された。その結果、付加 1 日目では最終 N 試行の予期が崩れたものの、付加 2 日目では予期が回復しており、ラットは R 試行数を手がかりとして最終 N 試行を予期していた。

　また、Burns & Nesbitt (1990) は、黒走路で 3R 系列 (RRRN 系列と NRRRN 系列)、白走路で 4R 系列 (RRRRN 系列と NRRRRN 系列) を提示したところ、すべての系列の最終 N 試行で遅い走行が得られ、走路の色という計数対象以外の手がかり条件に基づいて計数がなされていたことが確認されている。さらに Burns & Gordon (1988) は、RRN 系列と N 系列で訓練されて R 2 回を計数するこ

とが求められたラットは、3R 系列である RRRN 系列と NRRRN 系列への転移が悪く、RRRN 系列と N 系列で訓練され R 3 回の計数を要求されたラットは 2R 系列である RRN 系列と NRRN 系列への転移が悪いことを報告している。彼らの結果は訓練期にラットが R 試行数を計数していることを確証するものである。

第 3 節　R試行数に関する計数研究の発展 (1) －カテゴリー柔軟性

3-1　計数原理

Church & Meck (1984) は、数に基づいて事象を弁別することを計数と定義している。この定義に基づけば、連続 R 試行数によって次試行の事象を予期することを示した第 2 節で触れた研究は、ラットが計数していることの証拠となる。

しかし、Davis & Memmot (1982) や Davis & Pérusse (1988) は、計数についてより厳密な定義を行っている。彼らの基準になったのは、Gelman & Gallistel (1978) による原理である。それは、①1 対 1 対応で事象に数的タグ (number tag; 人間では、1、2、3 というような数字) を付けるという 1 対 1 対応の原理、②数的タグは抽象的でなくてはならないという抽象の原理、③数的タグの割り付けは大きさ、形、色などの属性についてなされるのではなく、事象数に基づかなくてはならないという基数の原理、④1、2、3 というような数的タグはあらゆる場合において同じ順序で割り当てられる (数的タグの間に安定した順序が確立されている) という安定順序の原理である。Gelman & Gallistel の原理はもともと人間の幼児における数概念の発達に関する研究で提唱されたものであるが、Davis & Memmot と Davis & Pérusse は動物の計数にも適用できるとした。

第 2 節で述べた Capaldi & Miller (1988b) の実験 1 と 4 は、1 種類の報酬を用いて R 試行数の計数に焦点を当てたものであった。これに対し、彼らの実験 5、6、7 は、Gelman & Gallistel によって示唆された計数原理に一致する方法でラットが強化事象を計数するかを検討したものである。

ここで重要なことは、計数は無強化事象よりも強化 (報酬) 事象を用いた方

がより効果的に研究されることである。幼児の計数研究ではリンゴとミカンの数を別々に数えるというように2つ以上の質的に異なる事象が用いられる。直線走路で計数の対象として無強化事象を用いた場合には、N試行数が何回であるかという1種類の計数しかできない。一方、目標箱で与える報酬としてペレットやコーンなど数種類の質的に異なる報酬事象を用いれば、ペレットとコーンを別々に計数するかなどを調べることができる。

3-2　CapaldiとBurnsの両者におけるカテゴリー柔軟性の検討

　2種類の報酬事象を用いて、ラットが2つの事象を個々に計数するか、合わせて計数するかを初めて検討したのは、Capaldi & Miller(1988b)の実験5である。彼らは44日間の訓練期において2つの群に対し、ペレット(A)とコーン(B)という2種類の報酬事象と無強化(N)からなるBAAN系列と単一のN試行であるN系列を約10分離してランダムな順序でそれぞれ4回提示した。訓練に伴い両群のラットはBAAN系列の最終N試行のみで遅く走るようになった。

　その後の転移期では2計数群に対しAAN系列とNAAN系列がランダムに与えられた。この群では転移期でも両系列の最終N試行での走行が遅ければ、訓練期でのBAAN系列に対しA試行の連続数である2回を計数していたことになる。もう1つの群である3計数群では転移期においてAAAN系列とNAAAN系列が提示された。3計数群では、訓練期にAとBを区別せずに連続報酬事象数である3回を計数していれば、転移期で与えられた両系列の最終N試行が予期できることになっていた。

　実験の結果、転移期では各系列をたった1回提示された後に、両群とも最終N試行で遅い走行を示した。つまり、A試行が2回連続すること(2計数群)、報酬事象が3回連続すること(3計数群)のいずれも最終N試行の信号となることが学習できていた。この実験の訓練期ではラットはその後の転移期にどのような系列に転移されるかをあらかじめ知ることはできなかった。したがって、転移期で両群における最終N試行の走行が遅かったことは、ラットは訓練期にAが2回ということを計数していると共に、AとBを合わせて報酬事象

が3回生起するという両方の計数を行っていたことになる。

　このように与えられた事象を2つ以上の方法で同時にカテゴリー化することをカテゴリー柔軟性と呼ぶ（Capaldi & Miller, 1988b）。人間では1つのリンゴと2つのオレンジをそれぞれ計数すると共に3つの果物というように2つのレベルでカテゴリー化できるが、ラットもAとBを違うものと分類すると共に、同じ食物報酬事象というように2つのレベルにカテゴリー化し、それぞれのレベルで計数していたと言える。

　Capaldi & Miller（1988c）では、BAAN 系列と AAN 系列を与えられた群はNAAN 系列と AAN 系列で訓練された群と同様に最終N試行の予期を示し、A2回が最終N試行の信号となっていることを学習していた。つまり、BAAN 系列では報酬事象であるAとBが区別されていた。これに対し、ABN 系列、BAN系列、NABN 系列、NBAN 系列の4つの系列を与えられた群でも各系列の最終N試行での走行が遅く、AとBを合わせて2回として計数していた。つまり、ラットはAとBをある条件では同じと捉え、別の条件では異なるとみなしていた。

　これに対し、AAAN 系列と AAN 系列を与えられた群では AAN 系列のN試行での走行が遅くならなかった。AAN 系列では2回のAにN試行が後続するが、AAAN 系列では2回のAにA試行が続くので、AAN 系列の最終N試行での予期ができなかったと考えられる。一方、BAAN 系列と AAN 系列を与えられた群ではBとAを区別し、BAAN 系列において報酬事象2回（BA）はAの信号になるが、Aが2回続くAAはNの信号であるというように、AとBを区別できていた。

　ラットがR試行数を計数することついて、Capaldi & Miller（1988b）と Burns & Sanders（1987）がほぼ同時期に研究を発表していることはすでに述べた。2種類の報酬を用いた計数についても、Capaldi & Miller（1988bc）と同様に Burns & Gordon（1988）が検討を行っている。第2節で触れたように、Burns & Gordon の研究では1種類の報酬事象を用いて、訓練時にR2回を計数することが求められたラットは3R系列への転移が悪く、R3回の計数を学習したラットは2R系

列への転移が悪いことが報告されていた。彼らはそれに加えて、BAAN 系列と N 系列で訓練されたラットは AAN 系列と NAAN 系列への転移でも、AAAN 系列と NAAAN 系列の転移のいずれにおいても早い転移を示し、Capaldi & Miller（1988b, 実験 5）と同様に、ラットは訓練期では B 1 回、A 2 回、報酬事象 3 回という 3 種類の計数を行っていたこと、つまりカテゴリー柔軟性を報告している。

3-3　条件性数的弁別

　第 2 節で述べた Burns & Nesbitt（1990）の研究では、黒走路での 3R 系列（RRRN 系列と NRRRN 系列）と白走路での 4R 系列（RRRRN 系列と NRRRRN 系列）の各系列で最終 N 試行の走行が遅く、走路の色という計数対象以外の手がかり条件に基づいて計数がなされていた。これに対して、Capaldi, Miller, & Alptekin（1989）は、計数すべき事象自体に基づく条件性の数的弁別について検討している。

　彼らの実験 1 では、灰色の走路で毎日 1R 系列である AN 系列と、2R 系列である BBN 系列がランダムな順序で 3 回ずつ与えられた。その結果、訓練に伴い、両系列とも最終 N 試行での予期がなされ、ラットは N 試行の信号として A 1 回、B 2 回というように 2 つの異なる事象を同時にそれぞれ計数できることがわかった。さらに実験 2 では 2A 系列（AAN 系列と NAAN 系列）と 3B 系列（BBBN 系列と NBBBN 系列）が用いられ、この 4 つの系列が 1 日 1 回ランダムな順序で提示された。この実験 2 でも各系列の最終 N 試行が正しく予期され、実験 1 と同様に、ラットは計数すべき事象自体に依存する条件性数的弁別ができることが確認されている。

　Capaldi & Miller（1988b, 実験 5）では　BAAN 系列で B 1 回、A 2 回、強化事象 3 回を計数できることが報告されていた。これはラットが事象依存型の条件性数的弁別ができるという Capaldi, Miller, & Alptekin の報告と一致する。

第4節　R試行数に関する計数研究の発展（2）－ 安定順序の原理

4-1　数的タグと安定順序の原理

　Church & Meck（1984）は、音を2回聞いたときに左のレバーを押し、4回の音では右のレバーを押すようにラットを訓練した。また、2回の閃光では左のレバーを、4回の閃光では右のレバーを押すことが訓練された。その後、2回の音と2回の閃光を同時に提示すると、ラットは右のレバーを押し、聴覚手がかりか視覚手がかりかに関係なく、ラットは抽象的な数的タグを用いていることが報告されている。

　Capaldi & Miller（1988b, 実験6）は、数的タグはあらゆる場合において同じ順序で割り当てられるという Gelman & Gallistel（1978）が提唱した安定順序の原理について検討している。ラットは 17 日目まで BAAN 系列と AAN 系列で訓練され、いずれの系列でも最終 N 試行の走行が遅くなった。つまり、A と B を弁別し、両系列とも A が2回生起することが最終 N 試行を予期する手がかりとなっていた。その後の第1転移期では、2つの報酬（A と B）が入れ替えられた ABBN 系列と BBN 系列に転移された。転移期ではわずかな崩れはあったが、ラットは最終 N 試行での遅い走行を維持していた。さらに NAAN 系列と AAN 系列に転移されたが、ここでも最終 N 試行の走行は遅かった。

　ラットは A と B の2種類の報酬事象の具体的特徴を弁別していたものの、A が2回生起する AA と B の2回生起である BB を類似したものとして見なし、A でも B でも2回生起したこと、つまり2という抽象的な数的タグを N 試行に対する信号として用いていたことがわかる。これは、Church & Meck（1984）の研究で示されていた抽象的な数的タグと同様なものであると考えられる。

　Capaldi & Miller(1988c, 実験1）では、BAAN 系列と AAN 系列で訓練した後に NBAN 系列と BAN 系列へ転移された。この群では訓練での A 試行の1つが転移期では B 試行に変更されていたことに加え、訓練の B 試行が転移期では N 試行に変更されていた。したがって、訓練では BA に報酬試行 A が後続していたが、転移期では BA に無報酬試行 N が後続しており、報酬事象に基づけば転移が難しい系列であった。しかし、実験の結果、転移期でも N 試行の走行が

遅く、ラットは最終 N 試行を予期していた。この結果は、ラットが報酬事象に基づいて弁別をしているのではなく、原学習で AA に対して付けられた数的タグ 2 が転移期の BA に適用され、この数的タグ 2 が N 試行の予期に用いられたことを示している。

4-2　状況に応じた計数

　第 3 節で述べたように、Capaldi & Miller(1988b, 実験 5）では、BAAN 系列と N 系列で訓練した後に、2A 系列(AAN 系列と NAAN 系列）や 3A 系列(AAAN 系列と NAAAN 系列）のいずれに転移した場合でも N 試行の予期が崩れなかった。これは訓練の BAAN 系列では A 2 回と報酬事象 3 回という両方の計数がなされていたことを示している。

　Capaldi & Miller（1988c）の実験 2 では、ラットは BAAN 系列と AAN 系列で訓練された。ここでは BAAN 系列と N 系列を与えられた Capaldi & Miller(1988b、実験 5）とは異なり、ラットは BAAN 系列と AAN 系列では A 2 回が最終 N 試行を予期することを学習するだけでよく、報酬事象を計数する必要はなかった。しかし、転移期で 3 回を計数する課題である AAAN 系列と NAAAN 系列に転移すると、最終 N 試行の予期がなされていた。その後、2 回を計数する課題である AAN 系列と NAAN 系列にさらに転移されたが、最終 N 試行を正しく予期していた。

　つまり、数的タグ 2 が N の信号であるという適切な数的解決を見つけたラットは、数的タグ 3 が N の信号であるという別の方法でも事象を計数し続けていると言える。また、A 2 回が N の信号であるという訓練時の情報を報酬事象 3 回系列の転移期でも維持していた。つまり、ラットは状況に応じて A 2 回か報酬事象 3 回のどちらが N の信号になっているか、どちらの系列が現在行われているかを学習できたと考えられる。Capaldi & Miller は、状況に応じて計数を条件づけるというこの能力は事象を計数するラットの能力が初歩的なものではないことを示す証拠となると考えている。

　Capaldi & Miller（1988b, 実験 7）では訓練の後、まったく新しい 2 つの報酬

事象（C：ハニースマック；D:ココアパフ）に転移し、以前の報酬事象(A と B)の具体的特徴を削除し、抽象的な数的タグを用いることができるかについて検討された。まずラットは奇数日には BAAN 系列と AAN 系列、偶数日には ABBN 系列と BBN 系列で訓練され、4 系列のすべてで最終 N 試行が正しく予期された後に、DCCN 系列、CCN 系列、CDDN 系列、DDN 系列に転移された。その結果、転移においてもすぐに最終 N 試行での走行が遅いという適切な予期が示された。この結果から、ラットは抽象的な数的タグを用いて、いかなるものであっても同じ種類の報酬事象が 2 回連続した後に遅く走ることを学習したと結論された。

　Capaldi & Miller が提唱した実験 7 の計数過程は次のようなものである。まず、最初の報酬事象 A が与えられた時、ラットは報酬事象 A に対して第 1 事象に対応する数的タグ 1 を割り当てる。2 番目の報酬事象 B が最初の事象 A とは異なる時、最初の事象 A に対して割り当てた数的タグを退け、第 2 の事象 B に対して 1 という数的タグを付ける。第 2 事象が第 1 事象 A と同じ時には、A に対して 2 という数的タグを付ける。Capaldi & Miller(1988b) の実験 7 は、ラットが抽象的な数的タグを使用できることとだけでなく、このタグを複雑な「同じ−違う」法則に基づいて適用できることを示している。

第5節　動物における計数
5-1　計数は最終手段か日常的なものか

　Davis & Memmott(1982) の実験では、報酬を得るためにレバー押しをしている 30 分セッションの間にランダムな間隔で 3 回の電気ショックを与えたところ、レバー押しは 3 回の電気ショックが来るまで抑えられていた。Seligman & Meyer(1970) でも同様な結果が示されており、ラットはあたかも数を数えることができるように振る舞い、3 つ目のショックが来たらそれは安全信号であり、それ以上ショックが来ないと判断していることが示唆されていた。

　しかし、レバー押し場面でラットに数的課題を課した場合には、かなりの訓練を行わなくてはならなかった(e.g., Fernandes & Church, 1982)。レバー押し場

面に限らず、多くの研究では動物が数的課題をできるようになるまでには長い期間にわたる訓練が必要とされていた。このようなことから Davis & Memmott (1982) は、動物は計数できるが、他の選択肢がない時の最後の手段として計数を用いるという最終手段仮説を提唱している。

5-2　計数以外の可能性としての項目間連合とリズムパターン

　直線走路を用いた計数場面では、計数以外の手がかりを用いることも可能である。しかし、第 1 節で検討した Capaldi, Miller, & Alptekin (1988) の実験では目標箱留置時間を訓練途中で変更しても走行結果には影響しないことが示されており、時間的要因が手がかりとなっていないことが確認されている。

　前試行の報酬事象自体が次試行の N 試行に対する信号になっているという項目間連合の可能性については、Burns & Nesbit (1990) と Knighton & Burns (1991) が検討している。Burns & Nesbit の研究では、R 事象としてペレット 5 個を用いて、2 つの 4R 系列である RRRRN (5-5-5-5-0) 系列と NRRRRN (0-5-5-5-5-0) 系列で訓練し、各系列で最終 N 試行の予期が成立した後に、5-5-5-5-0 系列のペレット数を 14-7-3-1-0 に変更したが、最終 N(0) 試行の予期は崩れなかった。その後にさらに 20-7-3-14-0 に変更しても、最終 N(0) 試行の予期は維持されていた。

　また、Knighton & Burns は、RRRN 系列を用いたが、R 試行のペレット数を 2-6-12-0 系列から 6-12-2-0 系列へ転移しても最終 N(0) 試行の予期は崩れないことを報告した。この両研究から、試行数の計数が優先され、直前のペレット数を手がかりにするという項目間連合は用いられていないことが確認されている。

　第 2 節で触れたように、Capaldi & Miller (1988b) は、直線走路での系列学習では事象が経時的に提示されることから、即時把握 (subitizing) の可能性を否定していた。一方、Davis & Pérusse (1988) は、連続的な即時把握をリズムと呼び、経時的に提示される事象に対してはリズムパターンが弁別手がかりとなることを指摘している。

　この点について、Capaldi (1993) は、RRN 系列と NRRN 系列をすべての試行

間間隔を 30 秒に固定して与え、最終 N 試行の予期が出現した後に、各試行間間隔を 20 秒、30 秒、40 秒のいずれかに転移させたが、最終 N 試行の予期が崩れなかったことを報告している。また、Burns, Goettl, & Burt (1995) は、Capaldi よりも変動が大きい 20 秒、75 秒、120 秒という 3 種類の試行間間隔をランダムに用いて BAAN 系列で訓練したが、最終 N 試行の予期が得られている。さらに、試行間間隔が 75 秒に固定されても最終 N 試行予期は崩れなかった。以上の Capaldi と Burns, Goettl, & Burt の両研究から、ラットはリズムパターンを用いていないと結論づけることができる。

5-3　日常的な計数の可能性

　Capaldi と Burns の両研究室で行われてきた研究を総合すると、Davis & Memmott (1982) の最終手段仮説とは異なり、Capaldi & Miller (1988b) が指摘しているように、動物は日常的に計数しており、他の手がかりが有効である時にも優先的に計数を用いていると言うことができる。

　Wright (1992) は、動物が貧しい遂行しか示さないのは、動物側の認知的な制限ではなく、実験者がその動物種に適さない課題を用いているという理由によることが大きいと指摘している。

　動物実験では、その動物の生態に適した課題を用いることによって、それまでに考えられていた以上の能力を引き出せることがある。例えば、自然界において示す採餌行動の状況と非常に類似している装置である 8 方向放射状迷路では、ラットはすべてのアームに置かれた餌を採って来るという一見非常に難しいと考えられる課題を容易に習得する (Olton, 1978)。一方、Fernandes & Church (1982) の実験のように、音の回数によって左右のレバーを選択するという状況は、ラットの自然環境ではあり得ない。

　ラットの採餌に非常に近い場面で計数について検討した研究に、Davis & Bradford (1986) による箱課題実験がある。Davis & Bradford は、長さ 150cm、幅 90cm の走路の内部にラットがやっと入ることができる小さな箱を 6 個まっすぐ縦に並べ、手前から数えて決められた順番にある箱の中に常に餌を置いた。

その結果、試行を重ねるうちに、餌が置かれている箱に真っ直ぐたどり着くようになり、ラットは何番目に置かれた箱であるかという順番の手がかりを用いて正しい箱を選んでいることが示された。

さらに、Suzuki & Kobayashi(2000)は、Davis & Bradford が使用した約2倍の大きさの走路(360cm)を用い、12個の箱を使って課題を行った。その結果、ラットは最大 12 番目の箱まで正解することが示され、生態に近い実験課題であれば、ラットは非常に高い計数能力を発揮することが明らかとなった。

12 までの計数が示されていた Suzuki & Kobayashi(2000)の実験は、手前から何番目の箱であるかという順序数を計数させるものであった。これに対し、Capaldi & Miller(1988b)で報告された 7 つの実験は、幼児の計数を説明するために Gelman & Gallistel(1978)によって示唆された原理にラットの数的弁別が合致していることを示すものである。

特に、Capaldi & Miller の実験5は、ラットが2種類の食物報酬事象をそれぞれ計数すると共に、2つを合わせた食物事象を計数できるという、人間と同様のカテゴリー柔軟性が得られていた。多くの実験室学習場面や自然環境において食物事象は動物にとって非常に重要な事象であるので、ラットが食物事象を計数できることは驚くべきことではない。ラットは弁別手がかりとして報酬・無報酬事象数を用いるのが非常に得意であり、報酬・無報酬事象に連合する数的手がかりは、他の手がかりよりも反応に対するより大きなコントロールを獲得すると考えられる。

本章の冒頭で触れた「賢いハンス」の話では、人間以外の動物が計数できることについて大きな疑問が投げかけられていた。しかし、その後の動物における計数研究、特に Capaldi や Burns の一連の研究は、少なくともラットと同等に高度に発達した動物は日常的に計数をすることを明確に示したと言える。

人間では Wynn(1992)が 0 歳児でも計数していることを報告している。Dehaene(1997)は、人間における数の理解の根底には生物進化の歴史で身につけた能力が横たわっていることを指摘した。そして、動物が生活する上で身につけた視覚、嗅覚、聴覚などの感覚能力と同様に数覚(number sense)と呼ぶよう

な数に関する直感的な感覚が存在することを提唱している。このようなことを考え合わせると、今後もラットの計数研究は、動物から人間に至るまでの数的能力の進化を研究する上でさらに重要性を増してくると思われる。

第5章　チャンキング研究の展開

　長い系列を分けて与えると分けられた事象が1つの単位としてまとめられ
ることをチャンキング(chunking)と言う（Capaldi, 1992）。チャンキングを人間に
おいて初めて報告したのは、Muller & Schumann(1894)であると言われている。
彼らの研究の後、チャンキングに関する研究はしばらく進展を見なかったが、
Miller(1956)の 7±2 チャンクに関する短期記憶研究によって再び注目を集めた。

　1960 年代終盤には、Bower & Winzenz(1969)が、一定の試行間間隔で事象を提
示している途中に長い間隔を挿入すると、この長い間隔が系列を分ける分節手
がかりになり、短い試行間間隔で提示されていた事象同士がまとめられ、系列
が2つに分けられることを報告している。

　1970 年代では Restle(1972)が左から右に並べた6個の小さなライトに番号を
つけ、1つずついずれかのライトを点滅させて被験者に系列を提示した。そし
て、ライトの点滅間隔を調整することによって、時間的分節化の効果を検討し
た。彼の研究では、12-65-12-65-23-54-23-54 というように系列の法則構造と長
い時間間隔の挿入位置が一致している場合の方が、126-512-652-354-235-4 のよ
うな一致していない時よりも学習が促進されていた。

　第5章では、チャンキング研究が法則符号化理論と記憶弁別理論においてど
のように展開されたかを検討しながら、系列チャンクやリストチャンクへと繋
がっていった研究の発展を追うことにする。

第1節　分節手がかり(Phrasing cue)によるチャンキング
1-1　法則符号化理論に基づくチャンキング研究
　動物の系列学習において分節手がかりによるチャンキングを最初に示した
のは、70 年代後半になされた Hulse(1978)の研究である。彼はラットに試行間
間隔 10-15 秒で 14-7-3-1-0-14-7-3-1-0-14-7-3-1-0-14-7-3-1-0 という 20 項目からな

る長い1つの系列を毎日1回与えた（実験4）。この条件では、0ペレット予期が出現するまでに約20日の訓練を要した。一方、0ペレットの後に10-15分という長い時間間隔を入れると(14-7-3-1-0/14-7-3-1-0/14-7-3-1-0/14-7-3-1-0)、ラットは訓練第1日目の終わりから2日目にかけて、早くも0ペレット予期を示していた（実験1と2）。つまり、14-7-3-1-0系列を系列間間隔10-15分で1日4系列与えると、5系列目ぐらいで0ペレット予期が得られたことになる。

　このように、Hulse(1978)の研究によって、ラットは系列を分ける分節手がかりとして長い時間間隔を用い、20項目系列が分節手がかりによって4つの14-7-3-1-0系列に分けられることが示唆された。試行間間隔よりも長い時間を系列間間隔と称して1日数系列行うということは系列学習の実験手続きとして早くから定着していた。しかし、同じ1984年にFountain, Henne, & Hulse(1984)、Capaldi, Verry, Nawrocki, & Miller(1984)、Yazawa & Fujita(1984)の3研究が公刊されるまで、分節手がかりの効果に直接焦点を当てた研究は報告されていない。

　Fountain et al.(1984)は、T迷路を用いた実験1において、14-7-3-1-0 を5回繰り返すことによる25試行からなる長い系列を試行間間隔20秒で5群のそれぞれのラットに与えた。その結果、系列の繰り返しごとにアームを変えられた空間分節群、繰り返し間に10分から15分の系列間間隔が入れられた時間分節群、空間と時間の両手がかりが与えられた空間・時間分節群の3群では、0ペレット予期は第5日目までに同様に出現した。一方、何の手がかりも与えられなかった非分節群では、0ペレット予期が出現するのに 21 日を要した。さらに、3と1の間にアームが変えられる誤分節群（14-7-3/1-0-14-7-3/1-0-14-7-3/1-0-14-7-3/1-0）群は、分節手がかりがない非分節群よりも0ペレット予期の出現が遅かった。

　これらの結果から Fountain et al.は、時間と空間の両者が分節手がかりとして機能し、長い系列が分節手がかりによって 14-7-3-1-0 という下位系列に適切に分けられた場合には、この系列が有する法則構造である減少法則に関する符号化が促進されると考えた。つまり、Hulse(1978)の法則符号化理論に基づいて

分節手がかりの効果が説明されていた。

Fountain et al.の研究では、時間分節群と空間・時間分節群からそれぞれ時間的手がかりを除去し、25 試行をすべて試行間間隔 20 秒で行うと0ペレット予期は崩壊した。これに対し、空間的手がかりが除去されても0ペレット予期は影響を受けず、時間的手がかりの方が分節手がかりとして重要であることが示されている。

1-2 記憶弁別理論に基づくチャンキング研究

Capaldi, Verry, Nawrocki, & Miller(1984)は、実験1において色が異なる黒白の2つの直線走路を用い、14-7-3-1-0 の繰り返しごとに走路を変える正分節群の方が3と1の間に走路を変える誤分節群よりも0ペレット予期が良いことを得た。この結果は、用いられた分節手がかりが異なるが、Fountain, Henne, & Hulse (1984)の研究と一致する。しかし、Fountain et al.が法則符号化理論を支持したのに対し、Capaldi et al.は両群の消去期の結果を踏まえて、記憶弁別理論に基づいた解釈をしている。消去期では両群に対し、第5試行と第6試行の間に走路の色が変えられるという 0-0-0-0-0/0-0-0-0-0 系列が与えられた。その結果、正分節群の方が誤分節群よりも消去期での走行が遅いことが示された。Capaldi et al.の記憶弁別理論に基づく説明は次の通りである。

習得期に誤分節群(14-7-3/1-0-14-7-3/…)では、0ペレットに対する記憶 S^0 が第6試行において 14 ペレットに対する信号となる。消去期では S^0 が連続的に提示されるが、S^0 は 14 ペレットを信号するので、誤分節群は消去期にも速い走行を示す。一方、正分節群(14-7-3-1-0/14-7-3-1-0/…)では S^0 と共に走路の色の変化が第6試行の 14 ペレットを信号する。そして、分節手がかりである走路の色の変化が S^0 を隠蔽してしまうので、14 ペレットに対する S^0 の信号力が弱まり、消去期での走行は遅くなる。以上の分析に一致して、消去期において分節群は、走路の色が変化した直後の第6試行においてのみ速く走っていた。これは、習得期に走路の色の変化が 14 ペレットを信号していたことによる。

さらに、分節手がかりの効果に関して、Capaldi, Nawrocki, Miller, & Verry(1

986b, 実験 1)は、0 ペレット試行が最終の大報酬試行とまとめられた時よりも分節された時の方が 0 ペレット予期は良いことを示している。つまり、走路の色の変化を分節手がかりとして用いた場合、0 ペレットの予期は、0 ペレット試行が最終の 18 ペレット試行と分節されていた 18-1-0-0-1/18 群の方が 18-1-0/0-1-18 群や非分節の 18-1-0-0-1-18 群よりも良かった。

　また、Capaldi et al.(1986)は実験 2 において、0 ペレット試行が後続の大報酬試行と分節された 18-1-0/18-1-0/18-1-0 群の 0 ペレット予期は、大報酬とまとめられた 18-1-0-18-1-0-18-1-0 群、0-1-18-0-1-18-0-1-18-0-1-18 群、0-1-18/0-1-18/0-1-18/0-1-18 群のいずれよりも優れ、消去期でも 0 ペレットに対する走行がより遅くなることを得ている。さらに、15-25 分という長い時間を分節手がかりとして用いた実験 3 では、10-0-0 系列と 10-0-10 系列を 1 日 1 系列ずつ固定した順序で与えた場合、10-0-10 系列の第 2 と第 3 試行間に走路の色が変えられた 10-0-0/10 群の方が 3 試行とも同じ色の走路で行われた 10-0-10 群よりも第 2 試行の 0 ペレット予期が優れることも報告されている。

　Capaldi et al.は、これらの結果から、0 ペレット試行が最終の大報酬試行とまとめられた場合、ラットはその大報酬の到来を当該試行以前から予期する傾向にあり、そのために先行の 0 ペレット試行での走行が速められると考えている。一方、分節手がかりによって 0 ペレット試行と大報酬試行が分節されている時には、このようなことは生起しない。つまり、Capaldi et al.に従えば、0 ペレット試行時における最終大報酬の予期が分節手がかりによって隠蔽され、分節手がかりが項目間連合を弱めるか消失させていることになる。

　Capaldi et al.によるこの考えによると、本節で検討した Fountain et al.(1984)の結果も記憶弁別理論に基づいてうまく説明される。つまり、0 ペレット予期の良かった分節群(14-7-3-1-0/14-7-3-1-0…)では、0 ペレット試行は後続の 14 ペレット試行とは分節手がかりによって分節されているのに対し、非分節群(14-7-3-1-0-14-7-3-1-0…)や誤分節群(14-7-3/1-0-14-7-3/1-0-14-7-3/…)では、0 ペレット試行は後続の大報酬試行とまとめられている。したがって、分節手がかりによって法則構造がより明確になるということを言わなくても、Fountain et al.の結

果は解釈できる。

　一方、Capaldi et al.が報告した実験１や実験２の結果は法則符号化理論から
では説明できない。法則符号化理論によれば、実験１では法則構造が明確であ
る 18-1-0/0-1-18 系列の方が 18-1-0-0-1/18 系列より０ペレット予期が優れるこ
とになり、Capaldi et al.が得たのとは逆の結果しか予測できない。また実験２
では単調増加系列 0-1-18/0-1-18/0-1-18/0-1-18 群の方が 0-1-18-0-1-18-0-1-18-0-1-
18 群よりも０ペレット予期が良いことを予測してしまう。したがって、分節手
がかりを扱った研究でも、試行間間隔の問題から Hulse の二元論を否定した第
２章第７節で検討した研究と同様に、法則符号化理論が否定されたといえる。

1-3　他よりも短い時間間隔によるチャンキング

Fountain, Henne, & Hulse(1984)と Capaldi, Verry, Nawrocki, & Miller(1984)、
Capaldi, Nawrocki, Miller, & Verry(1986b, 実験３）の研究では、10-25 分は 20
-30 秒に比べて時間的に長いので、この長い時間間隔が分節手がかりになると
いうものであった。これに対し、Yazawa & Fujita(1984)は、強化と無強化から
なる系列を用いて、他より短い時間間隔も分節手がかりになることを報告した。

　Yazawa & Fujita の実験２と３では、第３試行のみが強化(R)を受け、残りの５
試行が無強化(N)である NNRNNN 系列が１日１系列提示された。そこで、第３
試行と第４試行間の試行間間隔のみが 30 分と長く、他はすべて 30 秒である群
(NNR-NNN)に加えて、第３と第４試行間に 30 秒という短い試行間間隔が入れ
られた以外はすべて試行間間隔 30 分で行われた群(N-N-R/N-N-N)群においても、
第３試行までと第４試行以降の走行曲線が類似し、６試行からなる系列が２つ
の３試行系列に分節されていたことが示された。これに対し、すべての試行間
間隔が 30 秒である群(NNRNNN)と 30 分である群(N-N-R-N-N-N)群は、６試行
を分節化した証拠は示されなかった。

　これらの結果から、Yazawa & Fujita は、分節手がかりとなるのは、30 分や 30
秒という絶対的な時間間隔ではなく、他よりも長いとか短いという相対的な時
間間隔であると示唆した。さらに矢澤(1991)は、第１試行のみが強化を受ける

RNNNNN 系列や第4試行のみが強化を受ける NNNRNN 系列を用いた実験で
も Yazawa & Fujita の示唆を支持するデータを報告している。

　他よりも長い試行間間隔に関して、矢澤(1990)は試行間間隔30秒で3試行系
列を完全に学習させた後、この系列の30分後に3試行を試行間間隔30秒で行
うという系列付加を行った。この場面において、付加第1日目からラットは3
0分という長い時間間隔を即座に分節手がかりとして用いることが示されてい
る。これに対し矢澤(1993)は、他よりも短い時間間隔の場合にはラットは付加
第1日目ではなく第2日目からそれを分節手がかりとして用いることを報告
した。つまり、いつからそれを分節手がかりとして利用するかに関して、長い
時間間隔と短い時間間隔では違いが見られることが示唆されている。

　さらに、矢澤(1995)は、系列学習研究で最も良く用いられている 14-7-3-1-0 系
列でも短い時間間隔の分節効果を検討している。実験では、14-7-3-1-0-14-7-3-1
-0-14-7-3-1-0 をすべて15分という長い試行間間隔で提示した無分節群、0ペレ
ット試行と14ペレット試行間の試行間間隔のみが15秒と短く、それ以外の試行
間間隔は15分であった正分節群(14-7-3-1-0/14-7-3-1-0/14-7-3-1-0)、短い試行
間間隔を3ペレット試行と1ペレット試行の間に入れた誤分節群(14-7-3/1-0-1
4-7-3/1-0-14-7-3/1-0)が比較された。その結果、短い試行間間隔によって系列が
正しく分節された正分節群の0ペレット予期が最も優れ、これに無分節群が続
き、誤って分節された誤分節群の0ペレット予期が最も悪かった。

　矢澤(1995)の実験での正分節群と誤分節群における長い試行間間隔と短い試
行間間隔の関係は、ラットにおいて初めて長い試行間間隔の分節効果を示した
Hulse(1978)の実験における試行間間隔の関係を全く逆にしたものであった。こ
のような条件でも無分節群よりも正分節群の方が0ペレット予期は良かった
ことから、系列学習でも他よりも短い試行間間隔が分節手がかりとなることが
わかる。誤分節群では0ペレット予期が悪いという結果は、明暗手がかりを用
いた Capaldi et al.(1984)と空間的手がかりを用いた Fountain et al.(1984)の研究
においても報告されていた。

第2節　系列チャンクの成立

2-1　遠隔予期と系列チャンク

　第1節で述べたように、Capaldi, Nawrocki, Miller, & Verry(1986b)の研究では、0ペレット試行が最終の大報酬試行とまとめられた系列において、ラットはその大報酬の到来を当該試行以前から予期することが見出されていた。このように、ある事象が与えられた時、直後の事象だけではなく多くの事象の介入やかなりの時間間隔の経過によって遠く離されている事象も予期されることを、Capaldi & Miller(1988a)は遠隔予期(remote anticipation)と呼んだ。A-B-C-D というような一定の順序で事象が与えられていた時、Aを受けるとBだけではなくCやDも予期されるのが遠隔予期であり、これに対し、Bだけが予期されるのは当該予期(current anticipation)と呼ばれる。

　Capaldi(1992, 1994)は、遠隔予期がなされた場合にはそこに系列チャンク(serial chunks)が成立していることを指摘した。Capaldi(1992)によれば、系列チャンクが成立した場合には、動物は系列内のいかなる時点においても系列内における1つかそれ以上の先行事象を覚えており、次の強化やそれ以上先の強化をも予期すると言う。

　この系列チャンクという考え方は、系列内の強化事象に対する内的表象である系列地図が形成されるという Capaldi & Verry(1981)が提唱した系列地図見解(serial mapping view)とほぼ同じ考え方であると思われる。系列地図見解によれば、系列が何回も与えられて一旦その系列に対する地図が形成されると、その系列の最初の事象が提示された時に、系列地図の残りの事象に対する表象がすべて引き出されると言う。

　遠隔予期は人間の言語系列学習では古くから研究されていた(eg., McGeoch & Irion, 1952)。これに対し、ラットでは、先に述べた Capaldi, Nawrocki, Miller, & Verry(1986b)を始めとして 1980 年代に遠隔予期に関する研究が盛んに行われた。なお、Capaldi et al.の実験では、18-1-0-0-1-18 系列のように 18 ペレットと1ペレットという2種類の強化事象を含む系列がラットに提示されていた。

　これに対し、遠隔予期を扱った研究では、強化(R)と無強化(N)という2つの

事象からなる系列が用いられることが多い。これは、系列学習に関する研究の流れが、Capaldi の記憶弁別理論と Hulse の法則符号化理論の対立から遠隔予期の検討へと新たな展開を示したことの反映であると思われる。

2-2　遠隔予期と当該予期の分離

　Capaldi, Nawrocki, Miller, & Verry(1986b)の実験では、分節手がかりの挿入位置が異なるいくつかの群を比較することによって、遠隔予期が働いているかを検討していた。しかし、1 つの系列しか用いない場合には、遠隔予期と当該予期を分離することは難しい。RNRNRN という単一交替系列では、試行間間隔が 20 分(Capaldi & Stanley, 1963)や 24 時間(Capaldi & Spivey,1964; Jobe, Mellgren, Feinberg, Littlejohn, & Rigby,1977)であっても、ラットは N 試行よりも R 試行で速く走るという走行分化を示すことが知られている。この場合、遠隔予期と当該予期のどちらが生起しているかを完全には分離できない。しかし、1 匹のラットに毎日 2 つの異なる系列を与えるという手続きを採ると、遠隔予期と当該予期を分けて検討することができる。

　Capaldi & Verry(1981, 実験 1)は、NNR 系列と RNN 系列（共に試行間間隔は 25-30 秒）を 1 日に 2 回ずつ系列間間隔 20-25 分でランダムに与えた。両系列は共に第 2 試行は N であるが、第 1 試行に応じて第 3 試行が R（NNR 系列）か N（RNN 系列）かに分かれるという分岐(branching)系列である。なお、分岐系列を用いるという手続きは、動物実験では古くは Hunter(1920)、人間の学習研究では Restle & Brown(1970)で用いられていた。

　Capaldi & Verry の実験では、両系列とも第 2 試行の N での走行は R 試行よりも遅かった。この結果だけを考えると、ラットは両系列の第 2 試行において N を予期して遅く走ったという当該予期に当たる。

　しかし、この両系列の第 2 試行同士を比較すると、RNN 系列よりも NNR 系列の方が走行は速かった。第 2 試行は共に N であるので、これは当該予期では説明できない結果である。つまり、ラットが NNR 系列の第 2 試行において第 2 試行の N に加えて第 3 試行の R を遠隔予期したので、その分だけ走行が速

まったと考えることができる。このような遠隔予期が示されたということは、ラットが2つの3試行系列に関して、それぞれ系列チャンクを形成していたことになる。

2-3　遠隔予期ではなく、対比効果？

Capaldi & Verry(1981) の示唆した遠隔予期に疑問を投げかけたのが、Self & Gaffan(1983)であった。彼らは、Capaldi & Verry の実験1において RNN 系列よりも NNR 系列の方が第2試行の走行が速かったのは、ラットが第3試行を遠隔予期していたからではなく、第1試行と第2試行の対比効果によると考えた。つまり、第2試行の走行に影響を与えているのは将来の試行である第3試行ではなく、過去の試行となる第1試行の試行結果であると指摘した。

Self & Gaffan によれば、RNN 系列と NNR 系列の両系列の第2試行でラットは当該試行の N のみを予期する。その際、第1試行で受けた試行結果（R か N か）と対比させて第2試行の N の予期がなされる。したがって、第1試行で R を受けたことによって第1試行と第2試行の対比効果が大きくなる RNN 系列の方が、第1・2試行が共に N でありそのような対比効果が生起しない NNR 系列よりも、第2試行の走行速度が低下すると考えられた。

Capaldi & Verry(1981, 実験1)では、NNR 系列と RNN 系列という第1試行が異なる系列が用いられていたので、遠隔予期という考え方を持ち出さなくても、Self & Gaffan(1983)が指摘した第1試行と第2試行の対比効果でも説明が可能である。そこで、Capaldi, Nawrocki, & Verry(1983)は、対比効果の影響を除くために、第1試行が同じ R である RNR 系列と RNN 系列を用いた。なお、これがその後の系列学習研究で重要な役割を演出するようになった RNR 系列と RNN 系列を用いた実験の誕生でもあった。

2-4　遠隔予期の確証

Capaldi & Verry(1981)の実験1では、NNR 系列と RNN 系列の各系列は毎日2回ずつランダムな順序で行われた。しかし、第1試行は NNR 系列では N、

RNN 系列では R であるので、ラットは第 1 試行の結果によって、現在行われているのがどちらの系列であるかが弁別可能である。

　これに対し、RNR 系列と RNN 系列が用いられた場合には、両系列の第 1 試行と第 2 試行が同じ RN となる。そのため、Self & Gaffan(1983)の提唱する対比効果の可能性が排除できるが、2 つの系列がランダムな順序で提示されると、第 3 試行の試行結果を受けるまでどちらの系列が行われていたのかが分からず、第 3 試行を予期することはできない。

　そこで、Capaldi, Nawrocki, & Verry (1983)の実験 1 では、毎日各系列が 1 回ずつ提示されたが、半数のラットには RNR 系列が先で、20-30 分後に RNN 系列が行われた。残りの半数は提示順序が逆にされた。つまり、系列の提示順序が現在どちらの系列が行われているかの手がかりとなっていた。実験の結果、第 3 試行の走行は RNR 系列の方が RNN 系列より速く、ラットは両系列を弁別できていた。さらに、第 2 試行では RNN 系列よりも RNR 系列の走行が速く、この結果は、Capaldi & Verry(1981)と同様に、RNR 系列では第 2 試行においてラットは当該試行の N に加えて最終試行の R を遠隔予期していることを示すものであった。ここで Self & Gaffan(1983)の提唱する対比効果は否定された。

　Capaldi(1985)は、Capaldi, Nawrocki, & Verry (1983, 実験 1) の結果を近接連合と遠隔連合の両者から説明している。各系列の最初の 2 つの試行結果を正確に予測するためには、ラットは走路外で経過した比較的長い時間には常に R が後続し（第 1 試行）、短い間隔の後には N が後続する（第 2 試行）という 2 つの近接連合を獲得する。しかし、各系列の第 3 試行を正確に予期するためには、ラットは第 3 試行の強化事象とそれに先行する強化事象の記憶との遠隔連合を形成しなくてはならない。つまり、Capaldi, Nawrocki, & Verry の実験 1 の結果は、ラットが当該試行だけでなく、系列内の将来の試行の結果を予期することを示している。

　Capaldi(1985)は、RNN 系列よりも RNR 系列の第 2 試行における N 試行で走行が速いという第 2 試行走行分化を「予期エラー」と呼んだ。つまり、第 2 試行の N だけを予期すればいい場面において、第 3 試行の R も予期することに

よって、その分だけ走行が速まり、結果的にエラーとなる。Capaldi はこのようなエラーについて、将来の予測（foresight）と呼ばれているような機能的に重要で基礎的な心理過程を反映していることを示唆している。

2-5　遠隔予期の優位性

1 つ以上先の強化事象を予期する必要がない時にも遠隔連合が働くことによって結果的に予期エラーが示されてしまうことは、すでに Capaldi, Verry, & Nawrocki（1982）の実験 1 でも報告されていた。彼らの実験では RNR 系列と 2 試行からなる RN 系列がランダムな順序で与えられた。第 1 試行の R 試行では RNR 系列では 20 ペレットが与えられ、RN 系列では 2 ペレットであるというように、第 1 試行で与えられるペレット数が各系列の手がかりとなっていた。また、第 3 試行が実施されれば、それは RNR 系列の第 3 試行であり、第 3 試行が行われなければ、それは RN 系列であったことになる。したがって、第 3 試行を予測するために遠隔連合を使用する必要がなかった。しかし、このような時でさえ、RN 系列よりも RNR 系列の第 2 試行での走行速度が速く、RNR 系列の第 2 試行において第 3 試行の R が遠隔予期されていた。

Capaldi, Nawrocki, & Verry（1983）で用いられた RNR 系列と RNN 系列では、両系列とも第 1 試行は R、第 2 試行は N と同じであるので、第 1・2 試行の結果からは第 3 試行を予期することはできない。しかし、彼らの実験では系列の提示順序が固定されていたので、ラットが第 3 試行を正しく予期できた。それに伴い、RNR 系列では第 2 試行においても第 3 試行の R を予期し、RNN 系列よりも第 2 試行の走行が速まるというものであった。ここで、両系列の提示順序をランダムにした場合には、どちらの系列が行われているかは全く分からなくなり、第 3 試行の予期はできなくなることになる。

これに対し、Capaldi & Miller（1988a）は、RNR 系列と RNN 系列の提示順序はランダムであったが、各 R 試行で与える報酬の種類を変えた。このことによって、第 1 試行の報酬の種類（報酬事象）を手がかりとしてどちらの系列が行われているかが弁別できるようになる。具体的にはラットに XNY 系列と ZNN 系

列を毎日ランダムな順序で3回ずつ与えた（ここで、X はペレット、Y はポップコーン、Z はハニースマックを示す）。

　報酬事象を手がかりとして用いた場合には、両系列のすべての R（X, Y, Z）試行で N 試行よりも速く走ることに加え、第2試行で第3試行の報酬 Y も予期する XNY 系列の第2試行では ZNN 系列の第2試行よりも走行が速くなることが予測される。実験の結果、予測と一致する結果が得られた。さらに、実験2では XNY 系列と ZNN 系列の提示順序が固定されるかランダムであるかにかかわらず、同じ結果が得られた。これらの結果は、Capaldi, Nawrocki, & Verry(1983)が指摘したように、第2試行において第3試行の強化事象も予期するという遠隔予期が働いていることを示すものである。

　以上の Capaldi & Verry(1981, 実験1)、Capaldi & Miller(1988a)では3試行からなる系列が用いられていた。したがって、遠隔予期といっても1試行離れた試行に対する予期であり、3試行についての系列チャンクが示されただけである。

　これに対し、Capaldi & Verry(1981, 実験5)は、4試行離れた強化事象に対する遠隔予期、つまり5試行からなる系列に対する系列チャンクを示していた。彼らの実験では、NNNNR 系列と RNNNN 系列がそれぞれ1日に2回ずつランダムに与えられた。なお、試行間間隔は 30 秒、系列間間隔は 20 分であった。その結果、第2から第5試行までの走行は RNNNN 系列よりも NNNNR 系列の方が速く、しかも、NNNNR 系列では第2から第5試行まで走行速度は漸進的に上昇し、第5試行での走行が最も速かった。この結果は、NNNNR 系列においてラットは第1試行から第4試行の各試行で第5試行の R を予期し、5試行を1つの系列としてチャンク化していたことを示している。

　Capaldi & Verry(1981, 実験5)では4つ先の強化事象が予期されていたが、試行間間隔は 30 秒であったので、4つ先の事象といっても時間的には数分離れているだけであった。これに対し、Capaldi, Nawrocki, Miller, & Verry(1986b, 実験4)では、試行間間隔20分を用いて RNNR 系列の第2試行で約40分先の第4試行の R が予期されることが示された。また、彼らの実験5では試行間

間隔40分を用いたRNR系列の第2試行において40分先の第3試行のRも予測されていた。

さらに矢澤(1984)は、試行間間隔30分で6試行系列NNNNNRを行い、第2から第6試行まで走行速度は漸進的に上昇するというCapaldi & Verry(1981, 実験5)が試行間間隔30秒の5試行系列NNNNRにおいて示したのと同様な結果を得ている。この結果は、ラットが第2試行で約2時間離れた事象である第6試行でのRを予測していることを示す。これは、ラットの系列学習において現在までに得られた時間的に最も離れた試行に対する系列チャンクである。

第3節　リストチャンクの成立

3-1　系列チャンクとリストチャンク

これまで検討してきたRNR系列とRNN系列を用いた研究は、系列内の各試行でラットはそれまでの試行の強化事象を記憶しているのに加え、これからの試行の強化事象も予期しているという系列内における遠隔予期を示すものであった(e.g., Capaldi, Nawrocki, & Verry, 1983; Capaldi & Verry,1981; Capaldi & Miller, 1988a)。つまり、彼らの研究は試行が1つの系列にまとめられるという系列チャンクの形成を示していた。

系列チャンクの形成には、同じ空間的位置や同じ時間間隔で提示された事象など、ある特定の関係をもって提示された事象はまとめられるという分節化と、各試行でラットはそれまでの試行の強化事象を覚えているのと同時にこれからの試行の強化事象も予期するという遠隔予期がある。

人間では、123452345634567よりも12345/23456/34567のように、分節手がかりを与えられた場合の方が系列の学習が優れるというように分節化はチャンキングを促進することが古くから指摘されている(e.g., Bower & Winzenz, 1969; Crowder, 1976)。同様に、直線走路を用いた研究では、ラットは時間的あるいは明暗分節手がかりによって長い系列を短い系列に分けることが知られている(e.g., Capaldi, Verry, Nawrocki, & Miller,1984; Fountain, Henne, & Hulse, 1984; Yazawa & Fujita, 1984)。

　系列チャンクをさらに発展させた研究が、Capaldi, Miller, Alptekin, & Barry (19 90) である。彼らは、RNR 系列と RNN 系列を提示して、系列内の事象を予期するために系列外の情報を用いることができるかというリストチャンクの形成について検討している。

　実験 1 では、RNR 系列と RNN 系列のどちらかの系列が 2 回連続するという 6 試行系列 RNR/RNR 系列と RNN/RNN 系列が試行間間隔 15 秒で提示された (/は明暗分節手がかりを示す)。この 2 つの 6 試行系列がランダムな順序で毎日 2 回ずつ 5-10 分の系列間間隔で行われた。つまり、6 系列の最初の 3 試行が学習系列、後半の 3 試行がテスト系列とされ、6 試行系列を学習系列とテスト系列の 2 つの系列に分割するための分節手がかりとして、走路の色が用いられた。このようにして、最初の 3 試行が白走路、後半の 3 試行が黒走路で提示され、黒走路で与えられるテスト系列が、白走路で提示されていた学習系列と同じであることをラットが学習できるかが調べられた。

　実験の結果、ラットはテスト系列の RNR 系列の第 3 試行では速く走り、RNN 系列の第 3 試行での走行は遅く、両系列の第 3 試行を正しく予期していた。両系列とも第 1・2 試行は RN と共通であるので、テスト系列の系列内事象からでは、第 3 試行は正しく予期できない。したがって、ラットは白走路で行われた学習系列の情報を用いて、黒走路で行われているのが RNR 系列であるか RNN 系列であるかを弁別し、テスト系列の第 3 試行を正しく予期していたことになる。訓練の後、分節手がかりが取り除かれて 1 つの走路ですべての試行を行うと、ラットはテスト系列を正しく予期できなくなり、ラットは 6 試行を明暗分節手がかりによって 2 つの 3 試行系列として分けていたことも確認されている。

3-2　リストチャンクの形成

　Capaldi, Miller, Alptekin, & Barry (1990) の実験 1 では、ラットがテスト系列において学習系列の情報を用いていることは確証できたが、学習系列の 3 試行すべての情報を用いていたのかは不明である。学習系列の第 3 試行が R ならばテ

スト系列では RNR 系列が行われ、第3試行が N であればテスト系列は RNN 系列であるというように、学習系列の第3試行のみを手がかりとしてテスト系列の第3試行を予期していた可能性もある。

Capaldi, Miller, Alptekin, & Barry（1990, 実験2）は、15 分前に提示された系列に基づいて2つの系列のどちらが生起するのかを決定できるかを検討している。彼らの実験では、RRN 系列と RN 系列の2つの系列が用いられ（試行間間隔は 30 秒）、ラットは RRN/RRN 系列、RN/RN 系列という2つの学習/テスト系列を受けた。すべての試行は、同じ灰色の走路で行われ、学習系列とテスト系列は 15 分間隔で分離された。つまり、時間的分節手続きが用いられ、それぞれのテスト系列の第2試行が予期されたかが調べられた。

テスト系列は両系列とも第1試行は R であるので、第1試行の強化事象を第2試行の手がかりとして使うことはできない。また、両学習系列とも RN は共通であるので、RRN 学習系列において RN 系列よりも1試行多い R だけが、RN テスト系列と RRN テスト系列を区別する。実験1ではテスト系列は学習系列の第3試行に基づいて予測できたのに対して、実験2では両テスト系列は学習系列のすべての事象を覚えていないと予測できない。つまり、どちらの系列が与えられているかがわからなければ、テスト系列の第2試行を正しく予期できない。

実験の結果、RRN 系列の 15 分前には必ず RRN 系列（RRN/RRN）が、RN 系列の 15 分前には必ず RN 系列が（RN/RN）与えられていた条件では、RRN 系列の第2試行では速く走り、RN 系列の第2試行では遅く走っていた。この結果は、ラットは 15 分前に与えられた学習系列を手がかりにして、テスト系列の第2試行を正しく予期したことを示している。

Capaldi, Miller, Alptekin, & Barry（1990）は、ラットが 15 分前に与えられた系列全体を次の系列の手がかりとしていたことから、系列全体の内的表象であるリストチャンクが形成されたと結論した。系列とは独立した事象が系列に対する信号として機能していることが、リストチャンクの重要な側面である。

なお、彼らの実験2では RN 系列と RRN 系列の2つの系列を系列間間隔 15

分でランダムな順序で与えられた群も設けられていた。この群では系列の提示
順序がランダムであることから、1 つ前に与えられた系列情報を現在行われて
いる系列の各事象についての手がかりとして用いることはできず、この群のラ
ットは両系列の第 2 試行を正しく予期できなかった。

　リストチャンクに関する本格的な研究は上に述べた Capaldi, Miller, Alptekin,
& Barry（1990）の実験である。しかし、それより以前に、Capaldi, Nawrocki, &
Verry（1983）は、リストチャンクという概念は示していなかったものの、リスト
チャンクという現象を初めて報告していた。

　すでに述べたように、Capaldi, Nawrocki, & Verry の実験 1 では半数のラット
には常に RNR 系列の約 20 分後に RNN 系列を与え、残りの半数にはその逆と
いうように、毎日両系列を 1 系列ずつ決められた順序で提示し、ラットは RNN
系列よりも RNR 系列の第 3 試行において速く走っていた。ここで、両系列と
も最初の 2 試行が RN と同じであるので、系列内の先行事象に基づいて第 3 試
行に対する正しい予期をすることはできない。したがって、ラットはその日に
すでに系列を受けたかどうかという情報を覚えており、その日の初めての系列
である場合にはそれは RNR 系列であり、2 回目であれば RNN 系列であると判
断していた。ラットは系列の提示順序という系列内以外の情報を系列弁別の手
がかりとして用いていたので、そこにリストチャンクが成立していたと理解す
ることができる。

3-3　異なる系列を手がかりとするリストチャンク

　リストチャンクを明確に示した Capaldi, Miller, Alptekin, & Barry（1990）では、
RRN 系列が RRR 系列を、RN 系列が RN 系列をというように同じ系列が系列
予期の手がかりとなっていた。

　これに対し、Haggbloom, Birmingham, & Scranton（1992）は、予期される系列と
は違う系列が系列予期の手がかりとして用いられるかを検討した。彼らの実験
1 では、RNR 系列の後には必ず RNN 系列が続く系列 A（RNR/RNN）と RNN 系
列の後に RNR 系列が続く系列 B（RNN/RNR）がランダムに提示された。なお、

最初の3試行は常に白走路で行われ、次の3試行は黒走路で行われた。その結果、RNN系列に続くRNR系列の第3試行よりもRNR系列に続くRNN系列の第3試行における走行が遅いことが示された。ここで、RNR系列とRNN系列は第1試行と第2試行がともに同じであるので、ラットは系列内の手がかりからでは第3試行を正しく予期できない。したがって、ラットはその系列の前に与えられた系列を手がかりとして、第3試行を予期していたことになる。

さらに、実験2では、NNR系列にRNR系列が続く系列A（NNR/RNR）とRNR系列にRNN系列が続く系列B（RNR/RNN）がランダムに提示された。その結果、NNR系列に続くRNR系列の第3試行（系列A）よりもRNR系列に続くRNN系列の第3試行（系列B）の走行が遅く、それぞれの第3試行が正しく予期されていた。

このHaggbloom, Birmingham, & Scranton（1992）の実験1・2から、ラットは異なる系列を系列予期の手がかりとして用いていたと言える。彼らの実験では、ラットがすべての系列事象を正しく予期した後に、6試行すべてを同じ色の走路で行ない、明暗分節手がかりを除去したところ、予期反応は消失した。しかし、6試行を同じ走路で行っても、最初の3試行系列と次の3試行系列が長い時間間隔で分けられていた時には、反応は崩れず、分節手がかりが明暗から時間へとモダリティ変化しても正反応は維持されることが示されている。Haggbloom（1993）も、分節手がかりのモダリティを走路の色から走路床の肌理や第3・4試行間の試行間間隔延長に変えても、ラットのリストチャンク遂行は崩れなかったことを報告している。

第4節　文脈（走路）手がかりによる項目記憶の隠蔽

4-1　文脈手がかりと項目記憶の予測有効性

Capaldi, Birmingham, & Miller（1999）の実験2では、Capaldi, Nawrocki, & Verry（1983）と同様にRNR系列とRNN系列の2つの系列が系列順序を固定して系列間間隔10分で提示された。そこに、走路（白走路か黒走路）が第1・2試行と第3試行では変えられるという文脈（走路）手がかりが加えられた。ラ

ットは RNR 系列と RNN 系列の両系列の第3試行で共に走路が変更される群と、RNR 系列でのみ第3試行で走路が変えられる群の2群に分けられた。

　実験の結果、RNR 系列でのみ第3試行で走路変更された群の方が、強化事象の予期が優れていた。つまり、RNR 系列の第2試行では遅く走り、走路が変えられた第3試行では速く走っていた。また、RNN 系列の第2試行と第3試行の走行は共に遅かった。さらに、この RNR 系列でのみ走路変更を受けた群では、Capaldi, Nawrocki, & Verry で報告されたような、RNN 系列よりも RNR 系列における第2試行の N 試行に対する走行が速いという走行分化は示されなかった。

　Capaldi, Nawrocki, & Verry(1983)によれば、RNR 系列において直前の第2試行が N であったという強化事象に対する記憶 S^N（項目記憶）が第3試行の R を信号する。しかし、S^N は RNN 系列の第3試行では N を信号する。したがって、S^N が R を信号する予測有効性は50%となる。これに対し、走路の変更が RNR 系列の第3試行での R を予測する確率は100%である。Capaldi, Birmingham, & Miller は、R に対する予測有効性が高い走路変更手がかりが有効性の低い項目記憶を隠蔽したと考えている。つまり、ラットは R の信号として走路変更手がかりを用いるようになり、走路変更が行われなかった両系列の第2試行や RNN 系列の第3試行では同様に遅く走る。これが両系列の第2試行で走行分化が生じないことの説明となる。

　Capaldi, Birmingham, & Miller(1999)の実験2では、両系列の第3試行で走路変更された群では、RNN 系列の第3試行で RNR 系列と同様に速く走っていたことに加え、第2試行（N 試行）における走行分化が示されなかった。この結果も、第3試行の予期には有効性が高い走路変更手がかりが用いられ、項目記憶を手がかりとした第2試行は第3試行からの影響を受けなかったことから説明できる。実験2では2つの系列の提示順序は固定されていたので、リストチャンクが形成され得る状況である。しかし、系列内の第3試行結果の予期において、走路変更という文脈手がかりがリストチャンクよりも優位であったということになる。

4-2　文脈手がかりによる隠蔽

　Capaldi, Birmingham, & Miller (1999) は、実験 2 の結果に加え、実験 1 と 3 における項目記憶と文脈手がかりの有効性を変えた系列の様々な比較から、項目記憶に比べて文脈手がかりの有効性が高い場合には、文脈手がかりが項目記憶を隠蔽することを主張した。つまり、走路色による文脈手がかりが、項目記憶やより高次のリストチャンクを隠蔽する。このような隠蔽が生起する場合には、Capaldi, Nawrocki, & Verry (1983) が指摘した遠隔予期も隠蔽されるということになる。

　文脈手がかりが項目記憶よりも有効であることは、質の異なる 3 種類の報酬を用いた Burns, Dunkman, & Detloff (1999) の実験でも示されている。第 2 節で述べたように、Capaldi & Miller (1988a) では、XNY 系列と ZNN 系列が毎日ランダムな順序で与えられ、ラットは第 1 試行の報酬が X であるか Z であるかによってどちらの系列が行われているかが弁別できた。

　Burns, Dunkman, & Detloff は、この Capaldi & Miller の実験に文脈（走路）手がかりを加えた。その結果、ラットは白走路の XNY 系列、黒走路での ZNN 系列のいずれにおいても各報酬試行（X, Y, Z）での走行が N 試行よりも速いことに加え、ZNN 系列よりも XNY 系列の第 2 試行で速く走っていた。その後、走路と系列の関係を逆にしても、各系列の第 1 試行の報酬種類を逆にしても、ラットは白走路では「速−遅−速」、黒走路では「速−遅−遅」という原学習で示した走行パターンを維持しており、文脈手がかり（走路の色）が項目記憶よりも優位であることが確認されている。

第 5 節　新たな研究者 Cohen の参入
5-1　T 迷路を用いたリストチャンクと系列チャンクの検討

　第 4 節まで見てきたように、1990 年代も系列学習研究は Capaldi を中心に展開していた。そこに新たに参入してきたのがカナダの Cohen 一派である。カナダでは伝統的に動物の記憶研究が盛んであり (eg., Grant, 1981; Honig, 1978)、Cohen も当初はラットの短期記憶に関する研究を行っていた (eg., Cohen, Fuerst,

& Roberts, 1991; Cohen, Galgan, & Fuerst, 1986)。

　通常はラットの系列学習実験では装置として直線走路が用いられるのに対し、Cohen, Westlake, & Pepin (2001) は、T 迷路を用いた実験で系列学習研究に参入してきた。彼らが用いた T 迷路は左側が黒走路であり、右側はストライプ走路となっており、走路の色で左右の走路が区別できた。直線走路実験では色が異なる複数の走路が用いられたとしても、ラットはどちらの走路で走行するかを選ぶことができず、いわゆる強制選択が行われる。これに対し、T 迷路では強制選択もできるが、ラットがどちらのアームを選ぶかという自由選択も可能になるという利点がある。

　Cohen, Westlake, & Pepin (2001) の実験 2 では、ラットは 2 群に分けられ、連合群では RRN 系列が左側の黒走路で、RNR 系列は右のストライプ走路で行われるというように走路と系列との関係が固定された。一方、非連合群ではどの走路でどちらの系列が与えられるのかはランダムであった。なお、試行間間隔では明るい箱に 10 秒入れられ、系列間間隔では暗い箱に 60 秒入れられた。実験の結果、あるセッションでは RRN 系列だけが行われ、別のセッションでは RNR 系列だけが提示されるという分離提示期では、両群とも RRN 系列の N と RNR 系列の N での走行が遅かった。分離提示期には系列の提示順序が一定なので、両群ともリストチャンクによってどちらの系列が行われているかの弁別が可能であった。

　しかし、1 日のうちで 2 つの系列がランダムに提示された混合提示期では、連合群においては分離提示期と同様に両系列での N 試行での走行が遅かったのに対し、非連合群では RRN 系列の N のみの走行が遅く、RNR 系列の第 2 試行の N での走行は遅くならなかった。連合群では、黒色走路で行われているのであれば RRN 系列、ストライプであれば RNR 系列であるというように、走路によってどちらの系列が行われているか分かるので、第 2 試行も第 3 試行も予期ができる。

　一方、混合提示によってリストチャンクの使用が出来なくなっても、非連合群では RRN 系列の第 3 試行の N は予期できていた。つまり、第 2 試行が R な

らば第3試行はNである（RRN系列）、第2試行がNであれば第3試行はR（RNR系列）というように、第2試行結果に対する項目記憶によって第3試行が予期されていた。ラットが系列内の項目手がかりを用いていたことから、系列チャンクが形成されていたことになる。つまり、リストチャンクが使用できなくなっても系列チャンクが働いていることになり、高次のリストチャンクが低次の系列チャンクの形成を妨害しなかったと言える。

5-2　スーパーチャンクの形成に関する検討

　Cohen, Westlake, & Pepin（2001）の実験2における連合群のラットは、系列内の各試行でどちらの走路に餌が置かれるかを学習すれば、自由選択において系列の途中で選択する走路を変えることによって、RRNとRNRというリストチャンクをすべての試行で餌が得られるRRRというスーパーチャンクに統合することが可能であった。例えば、いつも左の黒走路でRRN系列が、右のストライプ走路でRNR系列が行われたとすれば、ラットはいずれの系列でも第1試行では両走路で餌が置かれ、第2試行では左走路のみで、第3試行では右走路のみに餌が置かれることを学習する。したがって、強制選択試行で各リストチャンクを獲得させた後に各試行で走路を自由選択させると、第2試行では餌がある左の走路を、第3試行では餌がある右の走路を選択することが期待される。

　しかし、自由選択テストの結果は、連合群も非連合群も餌がある走路を3試行とも選択した割合は1試行選択や2試行選択よりも多かったが、2つの群の間に有意差は示されなかった。つまり、連合群のラットは、2つの系列をより高次のスーパーチャンクへ統合して餌がある走路を常に選ぶという選択は示さなかった。

　選択パターンの分析からは、ラットは「左－左－右」あるいは「右－右－左」というように、第1試行で選択した走路を第2試行でも選択することが多かった。また、非連合群では「右－左－右」あるいは「左－右－左」というように、選択する走路を交替する傾向が強く、第3試行でどちらの走路に餌があるかを

正しく決定するのに系列チャンクを用いるという予測は支持されなかった。

　直線走路とは異なり、T迷路ではどちらのアームをラットが選択するかを用いてチャンキングの形成を検討することが可能であった。しかし、T迷路を用いて系列学習を初めて検討したCohen, Westlake, & Pepin (2001) の実験では、餌を得たら場所を変えるwin-shift方略というラットの生態的な採餌パターンが優位になってしまったとも考えられる。

第6節　Cohenによる研究の発展

6-1　予測有効性に関する検討

　第5節で見たように、Cohen, Westlake, & Pepin (2001) の実験では直線走路ではなくT迷路を用いたことによって、強制選択に加え自由選択を課すことが可能となり、自由選択においてラットがどちらのアームを選択するかも検討できるという利点があった。しかし、その後の研究ではCohenはT迷路において自由選択よりも強制選択を主に用いている。

　第4節で検討したCapaldi, Birmingham, & Miller (1999) の研究では、RNR系列とRNN系列の両系列の第3試行で走路変更される群よりもRNR系列でのみ第3試行で走路が変更された群の方が第3試行の予期は優れていたという結果から、報酬に対する各手がかりの予測有効性が重要であることが示唆されていた。つまり、項目記憶に比べて文脈（走路）手がかりの予測有効性が高い場合には、文脈手がかりが項目記憶を隠蔽したことが報告された。

　Szelest & Cohen (2006) は、Capaldi, Birmingham, & Miller (1999) が提唱した予測有効性について2つの実験で検討を試みている。Szelest & Cohenの実験1ではCapaldi, Birmingham, & Millerの実験2の手続きが一部変更され、RNR系列かRNN系列のいずれか1つの系列でのみ第3試行で走路が変えられた。RN/R-RNN群（/は走路変更を示す）では、RNR系列においては第1・2と逆の走路で第3試行のRが行われ、RNN系列では第1・2試行と同じ走路で第3試行のNが行われた。もう1つの群であるRNR-RN/N群では、RNN系列の第3試行でのみT迷路での走路が逆にされた。

Capaldi, Birmingham, & Miller が提唱した予測有効性によれば、RN/R-RNN 群では、走路変更は RNR 系列の第3試行における1回だけであり、その試行で報酬を受けるので、走路変更手がかり(/)の報酬有効予測性は 1.00 となる。これに対し、RNR-RN/N 群では、走路変更のない（走路維持された）RNR 系列の第2・3試行、RN/N 系列の第2試行の計3試行のうちの1試行だけ（RNR 系列の第3試行）で報酬を受けるので、走路維持手がかりの予測有効性は 0.33 である。実験の結果、予測有効性が高い RN/R-RNN 群の方が RNN 系列の第3試行よりも RNR 系列の第3試行で速く走っており、系列の弁別が優れていた。

実験2では、第1試行の手続きに加えて、両群とも両系列の第1試行と第2試行間にも走路を変更することによって、予測有効性が逆転された。しかし、実験の結果、走路変更手がかりの予測有効性が 0.33 の R/N/R-R/NN 群の方が、走路維持手がかりの予測有効性が 1.00 である R/NR-R/N/N 群よりも系列の弁別が優れていた。

つまり、実験1と2の結果は、第3試行での走路変更が RNN 系列内で行われた時よりも RNR 系列内で生起した時の方が系列の学習が良く、これは各系列の最初の2試行が同じ走路で行われた時（実験1）でも、各系列の第1試行と第2試行で異なる走路で走行した時（実験2）でも共通して見られていた。以上の結果から、Szelest & Cohen は Capaldi, Birmingham, & Miller が提唱した予測有効性だけによって解釈することに対して疑問を投げかけている。

Szelest & Cohen (2006) は、RNR 系列と RNN 系列でラットが何を手がかりとしているかを詳しく調べるために、訓練後にプローブテストを行った。その結果、実験1で RNR 系列の第3試行のみで走路を変更した RN/R-RNN 群では、系列順序と走路事象の両者が逆転された（RN/N-RNR）場合にどちらか片方が逆転をした（RNR-RN/N か RNN-RN/R）時よりも、両系列の第3試行の予期が悪化した。つまり、RN/R-RNN 系列の訓練時にラットは走路変更と、RNR 系列が提示されるのが先か後かという系列順序の両者を手がかりとして R 試行を予期していた。プローブテストにおける同様な結果は、実験2において第1試行と第2試行で走路を変更した R/N/R-R/NN 群でも得られている。

6-2　RNR 系列と RNN 系列の第2試行の走行分化に関する検討

すでに何回か触れたように、Capaldi, Nawrocki, & Verry（1983, 実験1）は、RNR 系列と RNN 系列を与えた場合に、第2試行の N 試行における走行が RNN 系列よりも RNR 系列の方が速いという第2試行の走行分化を報告していた。

Szelest & Cohen（2006）の実験1でも RN/R-RNN 群と RNR-RN/N 群の両群が各系列の第2試行における走行分化を示している。彼らは、この走行分化について、ラットは現在行われている系列が2つの系列のどちらであるかは分かっているが、第2回目の報酬が来るのは RNR 系列の第2試行か第3試行であるかの弁別が不確かであることを反映していると考えている。そして、ラットが第2試行と第3試行の系列位置を混同している（Burns & Dunkman, 2000; Burns, Wiley, & Payne, 1986）という可能性と、第2試行と第3試行にそれぞれ先行する事象に対する記憶間の般化（Capaldi & Miller, 2004）による可能性などを挙げている。

第2試行の走行分化について、Cohen, Mohamoud, Szelest, & Kani（2008）は3つの実験によって詳細に検討している。彼らの実験1では、第2試行で走路変更がなされた R/NR-R/NN 群でも第3試行で走路変更された RN/R-RN/N 群においても、第2試行の走行は RNR 系列が RNN 系列よりも速く、第2試行走行分化が得られていた。さらに、実験2では、毎試行で走路が変更された R/N/R-R/N/N 群と全く走路変更が行われない RNR-RNN 群との両群共に第2試行走行分化が示された。このような結果から、第2試行走行分化は、第2試行と第3試行の系列位置や記憶の般化だけでは説明できないことが明らかとなった。

そして Cohen, Mohamoud, Szelest, & Kani は、第2試行での走行分化は、Capaldi（1985）が提唱したように、ラットは第2試行において当該試行（第2試行）に加え将来の試行（第3試行）結果を予期していることを反映していると示唆している。

将来の強化事象を正しく予期するためには、いずれも第1試行が R 試行である RNR 系列と RNN 系列という2つの系列において、現在行われているのはどちらの系列であるかを弁別しなければならない。第3試行を予期するための適

切な手がかりが第1試行や第2試行で与えられなければ、系列を弁別する唯一の手がかりは系列の提示順序になる。

　Cohen, Mohamoud, Szelest, & Kani (2008) は実験3で、RNR 系列でのみ全試行で走路を変更する R/N/R-RNN 群と、RNN 系列でのみ走路を変更する RNR-R/N/N 群を設け、系列の提示順序に加えて第2試行の走路事象から第3試行結果が予測できるようにした。また、走路変更が両系列のいずれかでランダムに行われる（R/N/R-RNN と RNR-R/N/N がランダム）統制群も設けられた。この統制群では、第2試行の走路事象からでは第3試行結果が予測できず、系列の提示順序のみが系列弁別の手がかりとなる。

　実験の結果、第2試行の走路事象で第3試行が予期できた R/N/R-RNN 群と RNR-R/N/N 群は、統制群よりも各系列の第3試行の弁別が優れているのに加え、第2試行走行分化も顕著であることが示された。つまり、ラットは第2試行の走路事象（走路変更か走路維持か）も第3試行の結果の予期に利用しており、第2試行走行分化は第2試行の当該予期と第3試行に対する遠隔予期が働いていることが確認されている。

　さらに、Cohen, Mohamoud, Szelest, & Kani (2008) の実験3では、Szelest & Cohen (2006) と同様なプローブテストが行われた。その結果、走路事象は維持して系列の提示順序を逆転した場合（R/N/R-RNN 群では RNN-R/N/R に、RNR-R/N/N 群では R/N/N-RNR に）と、系列の提示順序は維持して走路事象を逆転した場合（R/N/R-RNN 群では RNR-R/N/N に、RNR-R/N/N 群では R/N/R-RNN に）では、第2試行走行分化は消失した。これに対し、系列の提示順序と走路事象の両者が逆転した場合（R/N/R-RNN 群では R/N/N-RNR に、RNR-R/N/N 群では RNN-R/N/R に）では、第2試行走行分化は維持されていた。

　ここで、試行が行われた2つの走路を a と b とすると、R/N/R-RNN 群では走路事象の系列は aba-aaa となるが、系列の提示順序と走路事象の両者が逆転された R/N/N-RNR でも走路事象系列は同じく aba-aaa となる。一方、走路事象は維持して系列の提示順序を逆転した場合には、R/N/R-RNN（aba-aaa）群では RNN-R/N/R（aaa-aba）に、RNR-R/N/N（aaa-aba）群では R/N/N-RNR（aba-aaa）とな

り、走路事象系列は逆転をしてしまう。つまり、走路事象系列が維持された場合にのみ第2試行走行分化が維持されていたことになる。このように、Cohen, Mohamoud, Szelest, & Kani の研究では、走路変更が行われた場合には、R と N からなる強化系列よりも走路事象系列が重要であることが示されている。

第7節　チャンキング研究から見た系列学習研究

　ラットの系列学習は連続強化よりも部分強化の方が消去抵抗は大きいという部分強化消去効果を説明する Amsel（1958, 1967）と Capaldi （1967）の対立に始まり、各試行で生起する項目記憶を重視する Capaldi と法則構造から系列学習を説明する Hulse（1978）の法則符号化理論の対立を経て、チャンキング研究へと発展してきた。

　本章では、このような系列学習研究の流れの中で、Hulse(1978)に始まる分節手がかり研究から、Capaldi による遠隔予期、系列チャンク、リストチャンクの研究を経て、Cohen に繋がるチャンキング研究の展開を追ってきた。その中で、Capaldi, Nawrocki, & Verry（1983）から Cohen, Mohamoud, Szelest, & Kani（2008）までの 25 年間にわたって行われてきた RNR 系列と RNN 系列という2つの強化系列を用いた様々な研究がチャンキング研究の中で重要な役割を果たしていた。遠隔予期、系列位置、予測有効性、走路事象系列など多様な要因の検討を経て、走路を用いた最新のチャンキング研究である Cohen、Mohamoud, Szelest, & Kani(2008)では、初期の研究である Capaldi, Nawrocki, & Verry で提唱されていた遠隔予期という考えに立ち戻ったようである。

　このような系列学習研究の流れの中で Amsel が 2006 年に死去し、Hulse も 2008 年にこの世を去った。Capaldi は近年古典的条件づけに研究テーマを移しており（eg., Capaldi, & Martins, 2010; Capaldi, Martins, & Altman, 2009）、系列学習に関する研究は第1世代と見なされるこれらの研究者から、第2世代である Hagbloom（e.g., Haggbloom, 1993; Haggbloom, Birmingham, & Scranton, 1992）や Cohen（e.g., Szelest & Cohen,2006; Cohen, Mohamoud, Szelest, & Kani, 2008）にバトンタッチされたような印象が強い。

ただ、Capaldi の弟子である Haggbloom は Capaldi の理論を超えるような研究の展開を見せておらず、近年論文を精力的に発表している Cohen も今のところは Capaldi や Burns の理論に対する検討が中心となっており、自分の理論体系というものを打ち立てているようには思えない。そのような中でこれまでの系列学習研究を継承してさらに研究を大きく発展させる研究者が華々しく登場する。それが、第 6 章で検討する Fountain, S.B. である。

第6章　Fountain, S. B.による研究

　系列学習を巡っては、当初から Hulse と Capaldi という2人の人物が研究の
中心を担っていたが、現在では Hulse の流れを受け継いだ Fountain がその中心
になり、精力的に研究を展開している。

　これまで走路を用いた研究を中心に検討したことから、第5章での分節手が
かりに関する Fountain, Henne, & Hulse(1984) の論文以外は Fountain の研究につ
いてほとんど触れることがなかった。Fountain は当初は T 迷路や直線走路を用
いて系列学習研究を行っていた。1990年代からスキナーボックスを8方向放射
状に並べるという装置を用いて、8つ並んだレバーを指定された順序で押して
いくという人間の系列学習に近い場面で実験を行い、ラットの系列学習につい
て多くの論文(e.g., Fountain, 2006, 2008; Fountain & Doyle, 2011; Fountain, Wallace,
& Rowan, 2002)を発表している。

　第6章では Amsel、Hulse、Capaldi といった動物認知学習心理学の大家に続
く系列学習研究の推進者として期待される Fountain の研究について詳しく検討
する。

第1節　Hulse の後継者としての Fountain の研究のルーツ

　Fountain の名前が文献に登場するのは、Fountain & Hulse(1981)が最初である。
この論文の共著者である Hulse は、第2章で述べたように、動物の学習研究に
認知的なアプローチを導入した第一人者であり、Fountain はこの Hulse の Johns
Hopkins 大学での弟子にあたる。Fountain & Hulse では、14-7-3-1 系列で訓練さ
れた群の方が 14-1-3-7 系列で訓練された群よりも系列の最後に新しく付加され
た 0 ペレットの予期が良いという結果から、ラットは新たに付加された項目を
それまでの法則構造に基づいて推測できることが提唱されていた。

　そして、単調減少系列 18-10-6-3-1-0 の方が 18-10-1-0 や 18-1-0 よりも 0 ペレ

ット予期が良いという法則構造と系列の長さとの関係を検討した Fountain, Evensen, & Hulse（1983）や、14-7-3-1-0 系列を長い時間間隔で分節化した方が 0 ペレットの予期が優れるという時間的分節手がかりの効果を示した Fountain, Henne, & Hulse（1984）が発表される。その後、Fountain は走路を用いた伝統的な研究から離れ、脳内刺激を報酬とする 8 方向スキナーボックスという新たな実験装置を開発したことによって、彼の研究は飛躍的な発展を遂げることになる。

第 2 節　Fountain による新しい実験装置の開発

2-1　スキナー箱での脳内刺激

　直線走路で目標箱に置く餌ペレット数を刺激項目とした実験では、ペレット数によって食べるのに要する時間が異なるので、厳密な意味で試行間間隔がコントロールできない。さらに、14 個などの大きなペレット数を用いた場合、試行に伴って空腹動因が低下してしまうことから、1 日の試行数をあまり多くできないという制約がある。実際に比較的多くの試行を行った Fountain, Henne, & Hulse（1984）の T 字型走路実験でも、1 日に 14-7-3-1-0 系列を 5 回、つまり 25 試行を提示しているのに留まっている。このように走路で餌ペレット数を刺激項目として用いて、長い系列に関して研究するのには限界があった。

　先に述べた法則構造と系列の長さとの関係を検討した Fountain, Evensen, & Hulse（1983）では、実験 1 では直線走路が用いられていたが、実験 2 ではスキナー箱が使用された。長い単調減少系列 18-10-6-3-1-0 では、最初のレバー押しに対して 18 ペレット、2 番目の反応に対しては 10 ペレットというように、各レバー押しに対して与えられる餌ペレット数による系列が提示された。測度としてはレバーが提示されてから反応が生起するまでの反応潜時が測定された。

　この実験 2 ではスキナー箱を用いるという新しい試みがなされたが、直線走路実験と同様に刺激項目は餌ペレット数であったために、18-10-6-3-1-0 系列を 1 日 6 回、つまり 36 試行しか行えず、1 日に多くの試行を実施できないという問題は解決されていなかった。つまり、スキナー箱を用いたとしても、餌ペレ

ット数以外を刺激項目とする新たな実験法を考案することが必要であった。

　Fountain & Annau(1984)は、スキナー箱での最初のレバー押しには 18 パルス
の脳内刺激を、2回目のレバー押しには 10 パルス、以下 6、3、1、0 パルスを
与えるという 18-10-6-3-1-0 系列を試行間間隔 1 秒、系列間間隔 15 秒で毎日 100
系列（600 試行）実施した。そして、訓練の進行に伴って、18 や 10 のような脳
内刺激のパルス数が大きいことを予測した時にレバー押し反応が早く、1 や 0
のようなパルス数が少ない時には反応が遅いことから、脳内刺激が系列学習の
刺激項目として有効であることを得た。さらに実験 2 では、脳内刺激のパルス
数からなる単調減少系列 18-6-1-0 の方が非単調系列 18-1-6-0 系列よりも最終 0
パルスでの反応時間が遅いことが示された。

　このような結果から、脳内刺激でも直線走路における目標箱での餌ペレット
数を項目として用いた Hulse & Dorsky(1977)と同様に、ラットが法則構造を符
号化することが得られ、脳内刺激を項目として用いることの有効性が示されて
いる。なお、系列学習に対する薬物による影響を調べた研究であるが、Fountain,
Schenk, & Annau (1985)も単調減少 18-10-6-3-0 系列や非単調系列 18-1-3-6-10-0
系列などについて脳内刺激の強度による系列を用いている。

2-2　6つのレバーが並んだスキナー箱

　脳内刺激は飽和(satiation)状態になることがないので、毎日かなり多くの試行
を提示できるという利点がある。一方、人間の系列学習では、並んでいるボタ
ンを被験者に正しい系列順序で押すという課題が用いられることが多い(eg.,
Restle,1970; Restle & Brown, 1970; Willingham, 1998)。

　そこで、Fountain(1990)は脳内刺激を正反応に対する報酬としては用いたも
のの、実験状況を人間の系列学習場面に近づけるために、系列を構成する刺激
を報酬強度から空間次元へとパラダイムを変えた。つまり、1 つの壁に 1 列に
6 個のライトを並べ（左側から 1、2、3、4、5、6）、各ライトの下に付けられ
たレバーを正しい順序で押すと脳内刺激が報酬として与えられるという実験
方法が初めて用いられた。

訓練では、まず系列の最初の項目に相当する位置にあるライトが点灯し、すぐにその下のレバーを押せば脳内刺激が与えられた。次に２番目の項目に相当するライトが点灯したら、その下のレバーを押せば脳内刺激が得られるというようにして、ラットに系列を学習させた。その後、ライトの点灯によるガイド無しでも訓練された順序でレバーを押すことができるかという人間の系列学習で用いられていると同様のトラッキング課題（e.g., Restle & Burnside, 1972）が行われた。

　なお、Fountain(1990)の実験１では、ラットにチャンク内がプラス１法則（1234）、イコール法則（66666）、単一交替法則（2323）、マイナス１法則（543）の４つの法則を有する 16 項目からなる 1234666662323543 系列が提示され、チャンク内の構造は学習できても、チャンク間の法則構造の変化を予期することは困難であることが示されている。

2-3　放射状に８つのレバーを配置したスキナー箱

　Fountain & Rowan（1995a）では、Restle（1970）の予期課題に相当する新しいラット用の課題が採用された。そこでは、一直線に並んだレバーを用いたFountain（1990）の装置を改良して、８角形の壁のそれぞれに１つずつ、合計８つのレバーが取り付けられているというプレキシグラス製のスキナー箱が初めて使用された。レバーは時計回りで 1〜8 までであり、レバー１と８は隣接していた。各試行の最初には８つすべてのレバーが提示され、ラットは８つのレバーのどれでも押すことができる。正しいレバーが押された時には視床下部に脳内刺激の報酬が与えられる。間違ったレバーを押すと正しいレバー以外のすべてのレバーは引っ込み、正しい反応をするまで強化されない。

　ラットはこの手続きをレバー押しのシェーピング以外は何の予備訓練がなくても容易に学習でき、ラット自身のペースで課題を遂行している間に試行ごとの正反応率、反応潜時などが記録できるという利点がある。Fountain & Rowan(2000)の実験では、ラットに対し１日のセッション当たり 24 項目からなる系列を 50 回提示している。８方向スキナーボックスという新しい実験装置

によって、長くて洗練された様々な系列をラットがどのように学習するかを詳しく検討することができるようになり、その後の Fountain の研究の発展を支えることになる。

　8方向スキナーボックスは、Fountain は特には述べてはいないが、1980年代以降に空間記憶研究で多く用いられていた Olton（1978）の8方向放射状迷路にヒントを得たものであると思われる。実際、Fountain の研究室の長であった Hulse は、Hulse & O'Leary（1982）の論文で 14-6-1-0 系列が放射状迷路の一定の場所と連合している時の方が異なる場所に連合している時よりも0ペレットの予期が容易であることから、空間的手がかりが法則構造の学習に有効であることを示していた。さらに、Hulse と Olton の共同研究である Olton, Shapiro, & Hulse（1984）の実験では、4本のアームからなる放射状迷路（十字型迷路）で自由選択させた場合、ラットは 14、7、1、0 というように餌ペレット数の多い順にアームを選択していることが報告されている。

第3節　法則構造に関する Fountain の代表的な研究
3-1　違反(Violation)パターンを用いた研究

　1970年代に Restle（1970, 1972, 1976）や Restle & Brown（1970）は、並んでいる6つのボタンを被験者にある一定の順序で押させることによって、与えられた系列を学習できるかどうかを調べた。各選択後にはどのボタンが正反応であったかがボタンの上のライトでフィードバックされた。その結果、人間はラン(Run; eg., 1234…)やトリル(Trill; eg., 1212…)、またこの2つのコンビネーション（Restle & Brown, 1970）において、法則に基づいた構造を学習できることが示された。さらに、Restle & Burnside（1972）は、系列の中のある項目だけが法則構造と一致しない違反(Violation)パターンでは、被験者のエラーはその違反(Violaton)項目に集中することを報告している。

　Fountain & Rowan（1995a）は、Restle & Burnside（1972）の違反パターンを用いて、ラン（1234…）とトリル（1212…）において完全な構造を持つ完全(Perfect)パターンと系列の最後の項目が異なる違反パターンに対するラットの反応を比

較している。完全ランパターンは 123-234-345-456-567-678-781-812 であり、違反ランパターンは 123-234-345-456-567-678-781-818 であった。ここで違反ランパターンの最終チャンクは本来のランであれば 812 であるので、818 の最後の下線が引かれている 8 が違反項目となる。つまり、完全ランと違反ランの違いはこの最終項目が異なるだけである。

一方、トリルについては、完全トリルパターンが 121-232-343-454-565-676-787-818 であるのに対し、違反トリルパターンは 121-232-343-454-565-676-787-812 となり、違反トリルの最終チャンクである 812 の最後の 2 が違反項目である。ランの時と同様に、完全トリルと違反トリルの違いは、最終項目が完全トリルでは 8 であるのに対し、違反トリルでは 2 であることによる。

実験では 3 試行×8 チャンクの 24 試行からなる系列を 20 回、つまり 24×20 の 480 試行が毎日行われた。試行間間隔は 1 秒であり、3 試行ごとのチャンクの間には 3 秒のチャンク間間隔が置かれた。実験の結果、完全ランと完全トリルでは学習が優れていたのに対し、違反ランと違反トリルでは違反項目である最終項目でのエラー率が高かった。これは Restle & Burnside(1972)が人間において得たのと同様な結果であり、ラットも人間と同様に与えられた系列をランやトリルというような法則構造で捉えていると言える。なお、Fountain, Krauchunas, & Rowan(1999)はマウスでも同様な結果が得られたことを報告している。

Fountain & Rowan(1995a)は、違反トリルと違反ランで共に違反項目の成績が悪かったという結果は単純な項目間連合(eg., Capaldi, 1967, 1971, 1992)では説明できないことも指摘している。違反トリル(121-232-343-454-565-676-787-812)では最初のチャンク 121 でレバー 1 への正しい反応が次のレバー 2 を常に予測するという 1 と 2 の項目間連合の形成が可能であったが、最終チャンクにおける 812 でレバー 1 の次の反応がレバー 2 とはならなかった。

同様に、違反ラン(123-234-345-456-567-678-781-818)では、最後の 2 つのチャンク 781-818 で、チャンク間間隔が間に入っているとしても、レバー 1 への正反応がレバー 8 を予測するという 1 と 8 の項目間連合が可能であったが、最後

の 8-1-8 系列でレバー 1 の次の反応がレバー 8 にはならなかった。一方、完全ラン（123-234-345-456-567-678-781-812）では、第 1 チャンク 123 と最終チャンク812 について共に 1 と 2 の項目間連合が可能であったが、4 条件のうちでこの条件のみで項目間連合が機能していたとは考えにくい。

　以上のようなことから、ラットは項目間連合といったより単純な連合的方略を採らずに、ランとかトリルというような高度に組織化された系列構造を示すための法則を学習していると結論づけられている。

3-2　2つのレベルの階層に関する研究

　Fountain & Rowan（1995a）の研究は、すでに人間に対して行われていた Restle & Burnside（1972）の実験をラットに適用したものであるが、Fountain & Rowan（1995b）は、同じ系列を人間とラットに提示して両者の差異を検討している。文字通り異なる種の認知過程を比較検討するという「比較認知」の研究である。ラットでの実験はこれまで述べてきた 8 方向スキナー箱を用い、人間での実験ではスクリーン上に 8 つの点が円周上に表示され、その点をタッチしていくというものであった。

　Fountain & Rowan（1995b）の実験 1 では、24 項目からなる 2 つのパターンが与えられた。1 つは階層パターン 123-234-345-456-567-678-781-812 であり、このパターンはチャンク内の各項目は 1 ずつ増加する（プラス 1）という第 1 の法則（例えば、第 1 チャンクでは 123）と、各チャンクの最初の項目は 1 ずつ増加するという第 2 の法則（第 1 チャンクの最初の項目が 1、第 2 チャンクの最初の項目は 2 であり、第 3 チャンクの最初の項目は 3）というチャンク内 1・チャンク間 1 という 2 つのレベルの階層から成り立っていた。

　もう 1 つはこの階層パターン 123-234-345-456-567-678-781-812 の第 3 チャンク（345）と第 6 チャンク（678）内の項目をそれぞれ逆順序にすることによって法則構造が乱された線形(Linear)パターン 123-234-<u>543</u>-456-567-<u>876</u>-781-812 である。この線形パターンは、第 1、2、4、5、7、8 チャンクがプラス 1 法則、第 3、6 チャンクがマイナス 1 法則というように、チャンク内には法則を有するが、

チャンク間には法則はない。

　線形パターンと階層パターンは 24 項目のうちの 4 項目（7、9、16、18 項目）が異なるだけであり、すべての項目間連合は同一となっており、両パターンとも正反応の次には右か左の隣接するバーを押せば次反応は正反応となる。なお、試行間間隔は 1 秒、チャンク間間隔は 3 秒で 1 日 20 回（合計 480 試行）が 14 日間にわたって行われた。

　実験の結果、ラットでも人間でも線形パターン（123-234-<u>543</u>-456-567-<u>876</u>-781-812）では違反(violate)された第 3、6 チャンクのエラーが特に多く、2 つのレベルの法則構造を持つ階層パターンの方が系列学習が優れていることが示された。

3-3　3つ及び4つのレベルからなる階層に関する研究

　Fountain & Rowan（1995b）の実験 2 では、さらにレベルを 1 つ加えた 3 レベルからなる階層パターン 123-234-345-456-567-876-765-654-543-432 が検討された。このパターンでは 10 チャンクのうちの前半の 5 チャンク（123-234-345-456-567）は実験 1 と同様の 2 つのレベルの階層から成り立っていた。つまり、チャンク内の各項目はプラス 1 法則（第 1 法則）から成り、チャンク間では各チャンク内の第 1 項目は前のチャンクの第 1 項目にプラス 1 加えるという第 2 法則から成り立っていた。それに加えて、後半の 5 チャンク（876-765-654-543-432）は前半の 2 つの法則のミラー構造であるという第 3 法則が成立し、チャンク内は 1 ずつ減少（第 1 法則の逆）、チャンク間も 1 ずつ減少（第 2 法則の逆）となっていた。

　これに対し、線形パターン 123-234-<u>543</u>-456-567-876-765-654-<u>345</u>-432 は、先の階層パターンにおける第 3 チャンク（543）と第 9 チャンク（345）が逆になり、第 1、2、4、5、9 チャンクがプラス 1 法則、第 3、6、7、8、10 チャンクがマイナス 1 法則というようにチャンク内には法則があるが、チャンク間には法則はないパターンであった。階層パターンと線形パターンは、すべての項目間連合は同一であり、両パターンとも正反応の次には右か左の隣接するバーを押せば

良いことになっていた。

　実験の結果、ラットも人間も、階層パターンでは第 1 チャンクと第 6 チャンクの最初の項目に対するエラーが多く、前半 5 チャンクと後半 5 チャンクでは法則構造が逆になるという第 3 法則のミラー構造に関するエラーが多かった。なお、ラットでは 14 日間にわたり系列を毎日 20 回（600 試行）受けており、1 日に 20 パターンが繰り返されていた。したがって、第 1 チャンクの 1 回目はその日の最初のパターンなのでエラーが少ないとしても、2 回目以降の第 1 チャンクは第 6 チャンクと同様に法則の変更点になるためにエラーが多くなったと考えられる。第 1 と第 6 以外のチャンクでは第 1 項目に対するエラーは少なく（第 2 法則に関係）、チャンク内の項目に関するエラー（第 1 法則）はほとんどなかった。つまり、法則の階層レベルが高くなるほど、エラーが多くなっていた。

　これに対し、線形パターンでは、第 1 と第 6 チャンクの第 1 項目のエラーが多いという階層パターンで示されたような結果は得られず、すべてのチャンクにおいて第 1 項目のエラーが多かった。チャンク内の第 2、3 項目に対するエラーは、項目が変えられた第 3 チャンク以外では少なかった。つまり、線形パターンではチャンク内には 1 つの法則があることが認識されていたが、チャンクは幾分やみくもにアレンジされていたと捉えられていたようである。

　さらに実験 3 では、実験 2 と同様な 36 項目からなる 3 レベル階層 123-234-345-456-567-678-765-654-543-432-321-218 と新たな 4 レベル階層 123-234-345-432-321-218-765-654-543-456-567-678 が比較された。この 4 レベル階層では、第 3 チャンクまでチャンク内もチャンク間もプラス 1 法則であり、チャンク内 1 レベル・チャンク間 1 レベルの 2 レベル構造であった。そして、第 4〜6 チャンクは第 1〜3 チャンクのミラー構造（レベル 3）であり、後半の 6 チャンクである第 7〜12 チャンクは前半の第 1〜6 チャンクのミラー構造（レベル 4）となっていた。

　実験の結果、人間でもラットでも同様に、3 レベルよりも 4 レベルの方が学習は困難であり、パターン構造つまりパターンの複雑性が学習困難度の決定因

であることが確認されている。このように、Fountain & Rowan (1995b) の3つの実験は、ラットが人間と同じようにパターンの階層構造を符号化することを明らかにした。

3-4 2つのパターンの混在について

　1つの系列に2つの法則構造が混在している場合に、ラットはその2つの構造をそれぞれ分離して捉えることができるかを最初に研究したのは、Fountain & Annau (1984) の実験3である。なお、彼らの実験1はスキナー箱における脳内刺激の強度を系列学習の刺激項目として初めて用いた研究であることは先に述べた。

　Fountain & Annau の実験3では、単調減少系列 25-18-10-3-1-0 に 6-6-0 を挿入した2つの法則構造の組み合わせからなる 25 6-6-0 18 6-6-0 10 6-6-0 3 6-6-0 1 6-6-0 0 系列と、非単調系列 25-3-10-18-1-0 に 6-6-0 を挿入した 25 6-6-0 3 6-6-0 10 6-6-0 18 6-6-0 1 6-6-0 0 系列が比較された。実験の結果、6-6-0 が挿入されても、単純減少系列 25-18-10-3-1-0 の方が非単調系列 25-3-10-18-1 よりも最終の0パルスに対する反応が遅く、0予期が優れていた。つまり、ラットは 6-6-0 が挿入されたとしても、挿入された系列 6-6-0 と単調減少（25-18-10-3-1-0）という法則構造を2つに分離し、2つの系列のそれぞれの法則構造を別々に学習していたことがわかる。

　Fountain, Rowan, & Benson (1999) は、8方向スキナー箱で法則構造の混在について研究した。彼らの関心は隣接していない項目間の構造をラットが学習できるかにあった。実験1では構造的パターン 123 234 345 456 567 とリピートパターン 888 888 888 が組み合わされた 182838 283848 384858 485868 586878 と、非構造的パターン 1<u>5</u>3 23<u>6</u> 345 4<u>2</u>6 5<u>4</u>7 とリピートパターン 888 888 888 が組み合わされた 185838 283868 384858 482868 584878 が比較された。非構造的パターンは構造的パターンの4項目（下線部）を変えただけであるが、リピートパターンが挿入されても構造的パターンの方が非構造的パターンよりも学習が優れていた。なお、第3チャンク（384858）は両系列で同じであるが、非構造的パ

ターン（の文脈）ではこの部分の学習が難しかった。

　実験 1 では挿入されたのは 888 という 1 種類の項目からなるパターンであったが、実験 2 では 7 と 8 という 2 種類の項目からなるパターン 7878 が挿入された。つまり、構造的パターン 123456 と単一交替パターン 787878 が組み合わされた 172837485768 と、非構造的 153426 と単一交替パターン 787878 が組み合わされた 175837482768 が比較された。なお、非構造パターンは構造パターンの 2 つの項目（下線部）を入れ替えただけである。

　実験の結果、条件間の比較では、構造的サブパターン 123456 の方が非構造的サブパターン 153426 よりも学習が優れ、法則構造を持つパターンの方が学習は容易であることが示された。また、条件内の比較では、非構造的＋単一交替パターンでは、非構造的サブパターン 153426 よりも単一交替パターン 787878 の方が学習は早く、構造的＋単一交替パターンでは単一交替パターンの学習が早かった。構造的パターンではプラス 1 法則、単一交替パターンでは交替法則というようにどちらも 1 つの法則しか有していない。しかし、単一交替パターンの学習が一番速やかになされるという人間での報告（Kotovsky & Simon, 1973）と一致する結果が得られていた。ここでも、ラットが人間と同様に系列の法則構造を学習することが示されている。

3-5　違反(Violation)項目を含むパターンとの混在について

Fountain & Benson（2006）は、違反項目を含むパターンとの混在について検討している。彼らの実験で用いられた 1 つ目の系列は S-S（Simple-Simple）パターン（1526374851627384）であり、これはそれぞれプラス 1 法則を持つ 2 つの単純パターン 12345678 と 56781234 が 1 項目おきに組み合わせられていた。2 つ目は 2V-S（2Violation-Simple）パターン（1526473851627384）であり、12345678 の単純 S パターンのうちの 34 を 43 と逆にした 2 項目が違反項目となるパターン 12435678 と単純パターン 56781234 の組み合わせである。つまり、この 2V-S 系列パターンは S-S パターンの 34 を 43 に変えただけである。3 つ目の 4V-S（4Violation-Simple）パターン（1526473861527384）は、単純パターン 12345678 の

3456 を２項目ずつ逆にした(4365)違反項目を４つ持つパターン 12436578 と単純パターン 56781234 の組み合わせであった。

　実験の結果、最初の下位パターンについて見ると、プラス１法則を持つ２つの単純パターンである S-S の学習が一番早く、次に違反項目を２つ持つ 2V-S 系列パターンの 2V パターンが続き、違反項目が４つである 4V-S 系列パターンの 4V の学習が一番遅かった。この結果から、ラットが隣接していない１つおきの項目間に法則構造を見つけ、与えられた系列を１つおきに２つの下位系列にチャンキングし、下位パターンの構造が学習難易度の決定因であることが分かる。

　つまりラットは、S-S 系列ではプラス１法則を持つ２つの下位系列（S と S）、2V-S 系列と 4V-S 系列では違反項目がある系列構造を持たない下位系列（2V か 4V）とプラス１構造を持つ下位系列（S）として捉えていた。また、S パターンの学習は S-S パターンが一番早く、次に 2V-S 系列パターンが続き、4V-S パターンの学習が一番遅く、下位系列の法則構造が明確なほどそれと組み合わされた系列の学習が早いことも示されていた。

第４節　分節手がかりに関する研究

4-1　初期の研究

　前節では隣接していない項目間のチャンキングについて検討したが、チャンキングに関係するものとして、分節手がかりがある。第５章で詳しく検討したように、法則符号化理論（Hulse, 1978）では、構造的に定義されたチャンクの間に入れられた分節手がかりは法則構造を符号化することを容易にすることによって学習を促進することを予測する。

　分節手がかりに関する Fountain の最初の論文は Fountain, Henne, & Hulse（1984）であり、T 迷路で目標箱に置く餌の数を項目として用いるという古いタイプの実験によって分節化を検討していた。

　これに対し、Fountain（1990）の実験２は、１列に６個並んだレバーを正しい順序で押すと脳内刺激が報酬として与えられるという実験方法を用いて分節手

がかりの効果を検討した最初の研究である。そこでは、1234345665434321 系列
が4項目ずつ時間的手がかりで分節化され、それぞれのチャンク内がラン構造
となるラン群（1234-3456-6543-4321 系列）と、チャンク内がトリル構造となるよ
うに分節化されたトリル群（12-3434-5665-4343-21）が比較され、その後に分節手
がかりが除去された時の影響も調べられた。

　パターン習得では両群間に差は示されず、1234345665434321 系列という1つ
の系列が分節手がかりの位置によって、ラン構造にもトリル構造にも法則が学
習されることが可能であった。また、分節手がかりが除去されると、ラン群で
は第5試行と第13試行でのエラーが多くなっていた（1234-3456-6543-4321）。
第5試行では本来はレバー3が正反応であるのに対し、レバー5に対する誤反
応が多く、これは先行する 1234 から 12345 というラン構造の推定がなされた
ことによると考えることができる。同様に、第 13 試行でレバー2に対する誤
反応が多くなったのも、先行する 6543 からのラン構造（65432）の推定である。
　一方、トリルでは分節手がかりの除去は第 15 試行（12-3434-5665-4343-21）で
レバー4に対する誤反応を増加させたが、これも先行する 4343 からトリル構
造（43434）が推定されたことによる。以上のように、同じ系列であっても、分
節手がかりの挿入位置によって、ラットは異なる法則構造を符号化することが
示されたといえる。

4-2　短い時間間隔による分節化

　先に述べた T 迷路を用いた Fountain, Henne, & Hulse（1984）の実験では、空間
的分節手がかりで訓練されたラットはその手がかりが除去されても学習は維
持されていた。しかし、時間的分節手がかりでは訓練後の手がかり除去によっ
て学習は大きく崩れ、空間と時間的手がかりでは異なるメカニズムが学習に関
与していることが示唆されていた。

　そこで、Stempowski, Carman, & Fountain（1999）は、時間的分節手がかりが学
習を促進するメカニズムを詳しく探るために、チャンク内の試行間間隔よりも
長い時間間隔を分節手がかりとするという通常用いられている方法に加え、チ

ャンク内よりも短い時間間隔を分節手がかりとする条件を設けた。つまり、24項目をすべて2秒で行う無分節群（123234345456567678781812）、3項目ごとに5秒という他よりも長い分節手がかりが入れられる長分節群（123-234-345-456-567-678-781-812）、3項目ごとに0.5秒という他よりも短い分節手がかりが入る短分節群（123/234/345/456/567/678/781/812）の3つが比較された。

　その結果、チャンク間に分節手がかりが入れられる場合には、それが長い間隔でも短い間隔でも学習が促進されることが示された（実験1）。しかし、実験2において分節手がかりが除去されると、どちらの分節条件でもチャンクの第1項目の遂行が極めて悪化し、パターン遂行が大きく崩れた。手がかりの除去では習得期に一番成績が良かった短分節群の悪化が一番著しく、次に長分節群が続いたが、このいずれの群とも訓練当初から分節手がかりがなかった無分節群よりも成績が低下していた。

　法則符号化理論(Hulse, 1978)に従えば、分節手がかりによって系列の法則構造の特徴に対する符号化が促進され、分節手がかりが除去されたとしても学習は維持されることを仮定する。実際、T迷路を用いたFountain, Henne, & Hulse (1984)の実験においては、分節手がかりとして空間的手がかりが用いられた場合には、正しい分節化によって学習が促進し、空間的手がかりが除去されても学習は維持されていた。

　Stempowski, Carman, & Fountain (1999)は、習得期におけるパターン習得が良かった群ほど時間的分節手がかりが除去された後では学習が崩れるという結果に対し、潔く自分たちの法則符号化理論に矛盾する結果であることを認めている。そして、そこで採り入れたのは、長年理論の対立をしていたCapaldi (1971, 1992, 1994)の記憶弁別理論であった。記憶弁別理論では、分節手がかりは系列内の項目に対する記憶における干渉を減少させたり、ある事象や反応の手がかりになることによって学習を促進すると考えられている。

　Fountainは法則符号化の立場から、分節化と法則構造との関連について研究を進めていた。しかし、Stempowski et al.は、分節手がかりが弁別刺激となり項目間連合を隠蔽するというCapaldiの提唱に一致するような結果を得たことも

あって、短い分節手がかりも長い分節手がかりも弁別手がかりとして用いられ、この分節手がかりが項目間連合を隠蔽したという可能性を考えている。

　なお、Stempowski et. al は全く言及していないが、他よりも短い時間間隔も長い分節手がかりと同様な効果を持つことは、すでに Yazawa & Fujita (1984) が 15 年前に報告し、その後に矢澤 (1991, 1993, 1995) でも確認されていた現象である。

4-3　分節手がかりが影響するのは法則学習か項目間連合か

Fountain, Benson, & Wallace, (2000) は、Stempowski, Carman, & Fountain (1999) が示唆するように、分節手がかりが単なる弁別手がかりとして機能するのであれば、分節手がかりが多い条件の方が学習は優れることになると考えた。そこで、7つ分節手がかりを入れる群（123-234-345-456-567-678-781-812）、3つ分節手がかりを入れる群（どこに分節手がかりを入れるかによって後述の3群に分けられる）、分節手がかりを入れない無分節群（123234345456567678781812）を設けた。このうち3つ分節手がかりを入れる群は、分節手がかりの位置によって交互群（123234-345456-567678-781812）、非周期群（123234-345-456567678-781812）、ランダム群（123*234*345*456*567*678*781*812；7つの*の内の3つにランダムに分節手がかり）の3群に分けられた。　なお、Stempowski et al. と同様に、試行間間隔は2秒で、分節手がかりは 0.5 秒で行われた。

　実験の結果、7つの分節手がかり群のパターン習得が最も優れ、3つの分節手がかり群がそれに続き、無分節群の習得が一番悪かった。また3つの分節手がかりが入れられた3群には差は示されなかった。つまり、分節手がかりの位置に関わらず、分節手がかりが多いほど学習が促進されていた。さらに、3つの分節手がかり群では、習得期には分節手がかりの直後の試行でのエラーが少なくなっていたが、分節手がかりが除去されるとその試行でのエラーは増加していた。以上のことは、分節手がかりが次反応に対する弁別手がかりとして機能するという Capaldi (1971, 1992, 1994) の知見に一致するものであった。

　T 迷路を用いた Fountain, Henne, & Hulse (1984) や6つの並んだ光を用いた Fountain (1990) の研究は、分節手がかりが法則学習に影響を与えることを示唆

していた。一方、習得期に分節手がかりで遂行が良かった条件ほどその手がかりが除去されると学習が崩れるという Stempowski, Carman, & Fountain（1999）の報告と法則構造に関係なく分節手がかりが与えられた回数による影響を受けることを示した Fountain, Benson, & Wallace（2000）の実験は、分節手がかりは弁別刺激となって項目間連合を隠蔽するという Capaldi の理論に一致する。

　ここで実験手続きに注目すると、分節手がかりが法則学習に影響することを示した Fountain et al.（1984）と Fountain（1990）の2つの研究は、Stempowski et al.（1999）と Fountain, Benson, & Wallace（2000）とは異なり、8方向スキナー箱を用いた実験ではなかったことが問題として挙げられる。

4-4　構造的に曖昧なパターンにおける分節手がかりの効果

　そこで、Fountain, Rowan, & Carman（2007）は、分節手がかりが弁別刺激として機能していることが示されているパラダイムである8方向スキナー箱を用いて、構造的に曖昧な系列において分節手がかりが法則構造に影響を与えるかについて検討している。用いられた 1234345656787812 系列は、分節手がかりの位置を変えることによって構造が異なる系列になる。つまり、1234-3456-5678-8912 というように分節化すればそれはラン構造からなる系列であり、元の 1234345656787812 の最後の 12 を最初に持って来て 1212-3434-5656-7878 と分節化すればトリル構造の系列となる。

　実験の結果、ランとして分節化された群は、トリルとして分節化された群よりもパターン習得が容易であった。なお、トリルとして分節化された 1212-3434-5656-7878 でエラーが多いのは、各チャンクの第1項目と各チャンクの第3項目であった。第3項目でのエラーは、第1チャンクの第3項目の1が3に、第2チャンクの第3項目の3が5に、第3チャンクの第3項目の5が7に、第4チャンクの第3項目の7が1にというように、4項目からなるトリルをラン構造（1234, 3456, 5678, 7812）と捉えたことを示すエラーであった。

　これに対し、ランとしての分節化（つまり 1234-3456-5678-8912）では各チャンクの第1項目のエラーが多いのみであった。トリル構造よりもラン構造の方

が系列の学習が容易であるというランバイアスは、人間の系列学習（Restle & Brown, 1970）でも報告されている。同じ系列でも分節手がかりの位置の違いによって異なる学習がなされたということは、分節手がかりが法則学習過程に影響していることを示唆する結果である。

4-5　分節手がかりの位置とチャンクの長さとの関係

　法則構造に一致する正分節化は系列学習を促進し、法則構造に一致しない誤分節化は学習を阻害することは、人間においても（Bower & Winzenz, 1969; Restle, 1972）、ラットにおいても（Fountain, Hennne, & Hulse,1984）示され、これらの結果は法則符号化理論からの予測に一致することはすでに述べた。

　Wallace, Rowan, & Fountain（2008）は、分節手がかりの位置とチャンクの長さとの関係を検討するために、3項目チャンクと5項目チャンクという2つの系列を用いて正分節と誤分節の影響を検討している。3項目チャンク　123-345-567-781-187-765-543-321 は、チャンク内はプラス1法則、チャンク間はプラス2法則、ミラー構造という3レベル入れ子法則構造を有する系列であり、無分節群は 12334556778187765543321、正分節群は 123-345-567-781-187-765-543-321、誤分節群は 1-233-455-677-811-877-655-433-21 である。

　これに対し、5項目チャンク 12345-56781-18765-54321 は、チャンク内はプラス1法則、チャンク間はプラス4法則、ミラー構造という3レベル入れ子構造で、無分節群は 12345567811876554321、正分節群は 12345-56781-18765-54321、誤分節群は 123-45567-81187-6554321 であった。なお、実験1では試行間間隔は1秒、分節手がかりは3秒、毎日20回繰り返しで14日間行なわれ、実験2では実験1と同じ5項目チャンクが用いられ、試行間間隔は1秒、分節手がかりは他よりも短い0.5秒であった。

　5項目チャンクでは、長い分節手がかりを用いた実験1において、正分節群の遂行が一番良く、これに無分節群が続き、誤分節群が一番遂行が悪いという法則符号化理論に一致する結果が得られた。しかし、3項目チャンクでは正分節群の遂行が一番優れていたが、無分節群と誤分節群では差がなかった。短い

分節手掛かりを用いた実験2でも、正分節群の遂行が一番優れていたが、無分節群と誤分節群では差がなかった。

　また、実験2の5チャンク系列では分節手がかりが除去されると、誤分節群はほとんど影響を受けなかったが、正分節群では遂行がかなり悪化した。特に分節手がかりがあった時にはエラーが少なかった分節手がかりの次の試行（チャンクの第1試行）においてエラーが著しく増加していた。

　これは時間的分節手がかりが弁別手がかりとして機能するという弁別学習理論（Capaldi, 1971, 1992）からの予測に一致し、法則符号化理論では説明できないものである。つまり、Wallace, Rowan, & Fountain（2008）の実験では、分節手がかりが法則学習に影響することを示唆する結果と、弁別手がかりになることを示す結果の両者が得られたということになる。

第5節　系列学習に関与する脳部位研究

5-1　系列学習には複数の過程が関与

　第4節で検討したように、分節手がかりの効果について、Fountain の研究は、分節手がかりが法則学習過程に影響するという報告（Fountain, Henne, & Hulse, 1984; Fountain, 1990; Fountain, Rowan, & Carman, 2007）、弁別手がかりになるという報告（Stempowski, Carman, & Fountain, 1999; Fountain, Benson, & Wallace, 2000）、その両者共を示した報告（Wallace, Rowan, & Fountain, 2008）の3つに分類することができる。

　しかし、近年 Fountain は、ラットが法則学習と弁別学習のどちらかの1つの過程を用いているかということではなく、系列学習には複数の過程が関与しているという立場を明確に表明している（e.g., Fountain, Rowan, Muller, Kundey, Pickens, & Doyle, 2012）。その基盤となったのが、系列の中のある項目だけが法則構造と一致しない違反パターンを用いて、手がかりの効果について検討した Muller & Fountain (2010) の研究である。

　違反パターンは法則構造を符号化していることを検証するために考案されたものであり、法則構造と一致しない項目に対するエラーが多いことが示され

ていた(e.g., Restle & Burnside, 1972; Fountain & Rowan, 1995a)。これに対しMuller & Fountain (2010)は、8つの3項目チャンクからなる違反パターンを用い、チャンク境界項目、チャンク内項目、違反項目に対する場所手がかりと系列位置手がかりの効果について検討した。

　場所手がかり群では、ランダムに選ばれたレバーから系列が始まるが、違反項目はいつも同じ場所で生起していた（eg., 違反項目が7の場合：123-234-345-456-567-678-78<u>7</u>-812,　567-678-78<u>7</u>-812-123-234-345-456,　78<u>7</u>-812-123-234-345-456-567-678, 234-345-456-567-678-78<u>7</u>-812-123）。系列位置手がかり群は、ランダムに選ばれたレバーから始まるが、違反項目はいつも24番目の系列位置で生起していた（123-234-345-456-567-678-781-81<u>8</u>, 234-345-456-567-678-781-812-12<u>1</u>, 345-456-567-678-781-812-123-23<u>2</u>）。場所＋系列位置群は、いつも同じレバーから始まり、違反項目はいつも系列位置24で生起した（123-234-345-456-567-678-781-81<u>8</u>,　123-234-345-456-567-678-781-81<u>8</u>,　123-234-345-456-567-678-781-81<u>8</u>, 123-234-345- 456-567-678-781-81<u>8</u>）。手がかりなし群は、ランダムに選ばれたレバーから始まり、違反項目はどこかの場所で生起していた（123-234-345-456-567-67<u>6</u>-781-812,　234-34<u>3</u>-456-567-678-781-812-123,　345-456-56<u>5</u>-678-781-812-123-234, 456-567-678-781-812-123-23<u>2</u>-345）。

　ここで、各チャンクの最初の項目をチャンク境界項目と呼ぶ。上の系列ではチャンク境界項目は分節手がかりの直後である3つおきの系列位置（4, 7, 10, 13, 16, 19, 22）で生起している。各チャンクの第2・3項目はチャンク内項目であり、下線の項目は系列の残りの部分を支配している法則からは予測できないので、違反項目となる。

　実験の結果、4群ともチャンク内項目の学習が一番優れ、次にチャンク境界項目が続き、違反項目の学習が一番劣っていた。また、場所手がかり群と場所＋系列位置群では違反項目の予期が学習されたが、系列位置群と手がかりなし群という2つの場所手がかりがない群では、違反項目の予期は訓練終了時まで出現しなかった。さらに、転移期で場所手がかりを除去したり、装置を180°回転したり、新しい装置に移行するなどの場所手がかりの操作を受けても、チャ

ンク内要素とチャンク境界要素の予期には影響を与えなかった。

　一方、違反項目では場所手がかりの除去と新しい装置への転移はエラーを増加させたが、装置の180°回転では影響されなかった。つまり、違反項目を予測するためにラットは装置内の情報を用いており、チャンク内項目とチャンク境界項目に対する学習とは異なる過程であることが示された。

5-2　チャンク内項目とチャンク境界項目における分節手がかり除去の影響

　Muller & Fountain (2010)では、場所手がかりの効果について検討していたので、チャンク内項目とチャンク境界項目との違いは明らかにされてはいなかった。Stempowski, Carman, & Fountain(1999)の研究では、分節手がかりを除去するとチャンク境界項目の成績が落ちるが、チャンク内項目には影響しないことが報告されていた。

　Muller & Fountain (2016)は、チャンク境界項目の遂行に及ぼす分節手がかりの影響を調べるために、分節手がかりが除去されてもチャンク境界項目の予期ができるかを検討している。彼らは最終項目が違反項目である3項目チャンク群（123-234-345-456-567-781-81<u>8</u>）、4項目チャンク群(1234-3456-5678-781<u>8</u>)、5項目チャンク群（12345-45678-7812<u>1</u>）の3群を共に分節手がかりがない12345678系列に転移した。その結果、転移後では3要素チャンク群では4項目、4項目チャンク群では5項目、5項目チャンク群では6項目という原学習でのチャンク境界項目のエラーが多くなっていた。

　これらの知見を考え合わせると、チャンク境界項目は時間的手がかりを含む連合メカニズムによって媒介されているのに対し、Muller & Fountain (2010, 2016)によるいかなる操作も影響しなかったチャンク内項目に対しては法則構造に対する学習が機能していると考えることができる。このように、違反項目、チャンク内項目、チャンク境界項目に関する学習がそれぞれ異なるメカニズムによることが示されており、系列学習には記憶弁別理論とか法則符号化理論といったような1つの理論では説明できない複数の学習プロセスが含まれていると言える。

5-3　系列学習に関与する薬物の影響

　系列学習に複数のプロセスが関与しているという見解は、Fountain & Rowan（2000）などの生理学的な研究によって、系列学習に関与する脳部位の機能が解明されてきたことにより、さらに強固なものとなっている。

　Fountain & Rowan（2000）は、海馬の可塑性をブロックする薬物であるMK-801（ジゾシルピン）が系列学習にどのような影響を与えるかを調べている。なお、MK-801は、認知崩壊や精神病を誘発する薬物であり、精神障害のモデル動物を作成する目的で使用されることが多い。

　実験ではMK-801を投与されたラットは、最終チャンクの第3項目だけが法則構造と一致しない違反パターン（123-234-345-456-567-678-781-818）において違反項目とチャンクの第1項目であるチャンク境界項目の成績が悪かったが、チャンク内でプラス1法則が支配しているチャンク内項目（第2、3項目）では影響を受けなかった。また、違反項目では実験終了時まで8ではなく2という法則構造に即したエラーを示していた。つまり、海馬が損傷された場合にはチャンク内項目に対する法則学習は影響を受けないが、チャンク境界項目や違反項目における項目間連合の学習が阻害されていた。

　さらに、実験3では、MK-801を投与されたラットに7チャンクからなる完全パターン123-234-345-456-567-678-781で訓練した後、8チャンク目に法則構造に一致する812を付加した場合には、この付加されたチャンクの第1項目に対するエラーは多かったが、第2・3項目に対しては正しい反応が示された。これに対し、7チャンクまでと構造が一致しない違反項目を含む818を付加した場合には、3項目ともエラーが多くなった。

　海馬を損傷したラットは、項目間連合が阻害されることに加え、以前に学習したのと同じ構造には対応できるが、以前と異なる構造に対しては対応ができないということになる。いずれにしても、海馬損傷によって影響を受ける部分と影響がない部分があるということは、分節手がかりの効果が一様ではないことと同様に、系列学習には複数の学習過程が関与していることを示していることになる。

Fountain, Rowan, Kelley, Willey, & Nolley (2008) は、8つの3項目チャンクからなる 123-234-345-456-567-678-781-812 系列を用いてニコチンの影響を検討している。その結果、ニコチンを投与されたラットは、法則構造であるプラス1法則が適用されるチャンク内の第2・3項目の学習の習得が若干遅れるとしても、最終的には生理食塩水を摂取した統制群のラットと同じレベルに到達するのに対して、チャンク境界項目である第1項目の学習は最終的にも阻害されていたことが示されている。チャンク境界項目は分節手がかりとの項目間連合が働いている項目であると考えられているため、ニコチンはチャンク内の法則学習とチャンク境界の項目間連合学習に対してでは異なる影響を示すことになる。これは、Fountain & Rowan (2000) と同様に、系列学習には複数の学習過程が関与していることを示唆するものである。

その後も Fountain はニコチン (Pickens, Rowan, Bevins, & Fountain, 2013)、アトロピン (Fountain, Rowan, & Wollan, 2013) やメチルフェニデート (Rowan, McCarty, Kundey, Osburn, Renaud, Kelley, Matoushek, & Fountain, 2015) 投与の効果なども検討している。

最新の研究は Sharp, Miller-Cahill, Renaud, Kundey, Kelley, Matoushek, Dyer, Jackman, Fountain, & Rowan(2019)による選択的セロトニン再取り込み阻害薬 (SSRI) に分類される抗うつ薬の1つであるフルオキセチン投与の効果を検討したものである。彼らの実験では 123-234-345-456-567-678-781-812 で訓練し、その後の転移期において最終項目が違反項目(8)に置き換えられたところ(123-234-345-456-567-678-781-81<u>8</u>)、チャンク境界項目はフルオキセチン 2.0mg 投与では学習が阻害されたが、1.0mg と 4.0 mg 投与では影響は示されなかった。これに対し、違反項目はどの投与量でも 学習が阻害されたが、チャンク内項目の学習はフルオキセチンの影響は受けなかった。このように、フルオキセチンの効果が異なることから、系列学習における複数過程の存在が確認されている。

第6節　今後の系列学習研究の発展

Fountain は認知学習研究の系図として、Hull (1943, 1952)、 Hovland (1952)、

Sheffield (1951)、Stanley (1952)、 Hulse (1978) に続く者として自身を位置づけて
いる。Hull に研究の源を置くという点では、走路で餌報酬を用いるという非常
にオーソドックスな研究の枠内から出ることなく学習理論の検討を行ってい
た Capaldi (1967, 1992, 1994) と共通する。

　しかし、Fountain の研究は、脳内刺激を報酬として用いることや、近年は薬
物の効果などから系列学習を司る脳部位も探ろうとしていることから分かる
ように、学習理論の枠内に留まらず、神経科学的な色合いが強いことにその特
徴がある。これは、Johns Hopkins 大学で Hulse の研究室で系列学習研究に取り
組んでいた Fountain がその後 Johns Hopkins 大学の脳生理学者 Annau に従事し
たことが大きく影響を与えている。スキナー箱で脳内刺激の強度を報酬として
用いるという Fountain & Annau (1984) の論文に、現在の神経科学的な色合いも
持つ Fountain の研究の萌芽を見ることができる。

　Fountain の研究のもう 1 つの特徴は、ラットに留まらず、種間の比較という
比較認知的な立場で系列学習を検討していることにある（eg., Rowan, Fountain,
Kundey, & Miner, 2001）。同じ系列を人間とラットの両者に提示して、ラットも
人間も同じようにパターンの階層構造を符号化することを報告していた
Fountain & Rowan (1995b) がその代表的な研究に当たる。また、Fountain,
Krauchunas, & Rowan (1999) は、マウスにおける系列学習を検討している。

　実際には、異なる種に対して同じような学習状況や課題を設定することは難
しい。しかし、決められた順序でレバーを押すことをラットに要求するという
Fountain が考案した 8 方向スキナー箱は、並んでいるボタンを正しい順序で押
していくという人間の系列学習で古くから用いられていた学習状況（e.g.,
Restle,1972）と極めて近いものである。同じような課題場面で人間と様々な動物
種の種間比較がなされることの利点は大きい。

　最近 Garlick, Fountain, & Blaisdall (2017) は、スクリーン上に映し出された点を
つつくという場面で、ハトも人間やラットと同様に系列構造を学習できるが、
それは低いレベルの手がかりである項目間連合手がかりがない場合に限られ
ることを報告している。

第6章では、餌を報酬とする直線走路実験から脳内刺激を用いた8方向スキナー箱実験に至る新しい実験装置の開発の経緯、法則構造に関する Fountain の代表的な研究や分節手がかりに関する研究に焦点を当てながら、Fountain の研究について検討してきた。彼の研究は学習理論の検討に留まらず、神経科学的研究や比較認知研究の色彩を加えたことから新たな展開を示しており、今後さらなる発展が期待される。

第 7 章　系列学習研究の歴史を変えた 7 つの研究

　人間の系列学習は、項目間連合か(e.g., Ebbinghaus, 1885)、系列位置か(e.g., Ladd & Woodworth, 1911)、というS-R理論の枠組みで検討が始まり、その後、情報科学の影響を受け、Jones(1971, 1976)やRestle(1970, 1976)などの認知的な研究へと展開した。

　一方、ラットにおける系列学習研究は、部分強化から始まり、まずS-R理論の枠組みで項目間連合を重視するCapaldiの系列理論(1966, 1967)や記憶弁別理論(1985)が展開された。そこに人間の認知モデルをラットの系列学習に適用したHulse(1978)が参入し、両者の間で活発な論争がなされた。その後、系列位置学習を提唱するBurnsが加わり、計数研究やチャンキング研究を取り込みながら発展し、現在ではHulseの研究を受け継いだFountainが精力的に研究を続けている。約90年に渡る系列学習の歴史を振り返ると、系列学習研究は様々な理論や実験を経て、人間と動物の認知学習過程を描き出してきたことが分かる。

　「項目間連合か系列構造か」というCapaldiとHulseによる1970年代後半から議論がなされていた問題は、どちらが正しいのかということではない。これまで見てきたように、ラットは項目間連合、法則構造の符号化、系列位置学習、計数、チャンキングなど様々なことが可能であり、課題や実験状況によってその時の一番適した方略を用いているのではないかと思われる。そのような意味では、他の選択肢がない時の最後の手段として計数を用いるという計数に関するDavis & Memmott(1982) の最終手段仮説ではなく、ラットはその状況における最適方略を選択していると言える。

　これまで系列学習に関する研究を歴史的に追ってきた。第 7 章では最後のまとめとして、2020年の現時点から見て、系列学習研究の歴史を大きく変えるきっかけとなった 7 つの研究を挙げることにする。

7-1　Bitterman, Fedderson, & Tyler(1953)の弁別仮説

　部分強化研究が発展して現在の系列学習研究に繋がっているという観点に立つと、最初に挙げるべき研究は、部分強化理論として系列の重要性に注目したBitterman, Fedderson, & Tyler(1953)が提唱した弁別仮説である。N試行よりもR試行での走行が速いというTyler, Wortz, & Bitterman(1953)が得た単一交替系列での分化走行は、ラットが直線走路で強化系列を学習できることを示した最初の証拠である。

　Bittermanの弁別仮説はラットが強化事象の全体的な系列を学習しているという巨視的なレベルの理論であった。1970年代終盤以降に法則構造を重視するHulseの理論が注目を集めたことを考えると、部分強化理論の初期の段階において動物の学習における認知的傾向を先取りしていたという意味において、Bittermanの先見性には目を見張るものがある。

7-2　報酬量上昇・減少系列を用いたWike & King(1973)の研究

　Bittermanと同様に現在の系列学習の展開を予見していたように思われるのがWike & King(1973)の研究である。500mgペレット1個、45mgペレット1個、ペレット0個という3種類の報酬量を用いて報酬量が上昇していく系列と減少する系列の消去抵抗を比較し、フラストレーション理論からの予測に反し、系列理論を支持する結果を報告している。特に新しい理論を提供したという研究ではない。被引用数も多くはなく、発表された当時もそれ以降もあまり注目を集めてはいない。

　しかし、習得期において報酬量に応じた走行パターンが得られており、まさに系列学習が示されていた。さらに、習得時の走行パターンが消去期（0-0-0）にも維持されており、系列位置学習の成立を示す結果が得られていた。残念ながら、Wike & King は習得期と消去期の走行パターンについて、フラストレーション理論ではなく、系列理論を支持する結果として解釈しただけであった。ところが現時点から見ると、Wike & King(1973)の論文は、Hulse の法則符号化理論や Burns による系列位置学習を先取りしていたという点で、その価値を高

め、輝きを増している研究の典型であるとみなすことができる。

7-3　Hulse & Dorsky(1979)の系列転移実験

Wike & King(1973)の実験では500mg、45mg、0mgという 3 種類の報酬量が用いられていた。数字を刺激項目として用いるという人間の系列学習場面に動物の系列学習を近づけたという点で評価されるのは、0, 1, 3, 7, 14個という 5 種類の45mg餌ペレット数を刺激事象としたHulse & Campbell(1975)である。

しかし、理論的重要性という点からHulseの一連の研究で最も評価できるのは、新旧系列の法則構造が一致する時には正の転移が起こり、一致しない場合には負の転移が起こることを報告したHulse & Dorsky（1979）の系列転移実験である。この実験の特色は、ある系列から他の系列へという系列自体の転移ではなく、ある法則から他の法則へという法則の転移を検討したことにある。つまり、項目間連合ではなく、ラットの系列学習も人間の場合と同様に、系列構造の法則的な複雑性によって決定されていることが示されており、法則符号化理論の中心となる論文であるとみなすことができる。

また、一時下火になっていた部分強化研究における議論を系列学習研究として蘇らせたという意味においても重要な論文である。

7-4　RNR系列とRNN系列を用いたCapaldi, Nawrocki, & Verry(1983)

発表された時よりもその後に重要性に対する認識が増し、後の研究に大きな影響を及ぼしたシンプルな系列がある。それは、Capaldi, Nawrocki, & Verry(1983, 実験 1)が用いた、第 1 試行と第 3 試行がR試行であるRNR系列と第 1 試行のみがR試行であるRNN系列という共に 3 試行からなる 2 つの系列である。

RNN系列よりもRNR系列の方が第 2 試行のN試行における走行が速いという第 2 試行の走行の分化は、Capaldi, Nawrocki, & Verry(1983)の発表から25年間にわたって、遠隔予期（Capaldi & Miller, 1988）、系列位置（Burns, Wiley, & Payne, 1986）、予測有効性（Szelest & Cohen, 2006）、走路事象系列（Cohen, Mohamoud, Szelest, & Kani, 2008）など多様な要因の検討が行われた。最新の研究である

Cohen, Mohamoud, Szelest, & Kaniでは、Capaldi, Nawrocki, & Verryで提唱されていた遠隔予期という考えに立ち戻っている。

　長い間に渡り重要な論争において用いられてきたRNN系列とRNR系列を最初に提示したという方法論的な評価だけではない。もう１つの重要なCapaldi, Nawrocki, & Verry(1983) の貢献は、発表当時にはリストチャンクという概念は示していなかったものの、本格的なリストチャンク研究として知られるCapaldi, Miller, Alptekin, & Barry(1990)以前に、系列の提示順序という系列内以外の情報を系列弁別の手がかりとして用いているというリストチャンクの成立を報告していたことにある。

7-5　計数原理を検討したCapaldi & Miller(1988b)の計数研究

　Capaldi & Miller(1988b)は、ラットがR試行数を計数することを明確に示し、系列学習において計数に直接焦点を当てた代表的な研究である。彼らの実験１は、RRN系列とNRRN系列という２つの系列をランダムな順序で提示し、ラットは最終N試行を正確に予期していたことから、R試行数を計数していることを示唆するものであった。

　部分強化理論であるCapaldiの系列理論ではN-length（連続N試行数）が重視されていた。そこから、ラットがN試行数を計数できるという計数研究につながり、さらにこのCapaldi & Miller(1988b)の研究によって、R試行数の計数へと発展した。計数が系列学習として捉えることができることを示したことに、この研究の第一の意味がある。

　Capaldi & Miller(1988b)のもう１つの貢献は、ラットの数的弁別が人間の幼児における数概念の発達に関する研究で提唱されたGelman & Gallistel(1978)による計数原理に合致していることを示したことにある。特に実験５で、ラットが２種類の食物事象をそれぞれ計数すると共に、２つを合わせた食物事象を計数できるという、人間と同様のカテゴリー柔軟性が得られていた。

　食物事象は動物にとって非常に重要な事象である。Davis & Memmott(1982)の提唱した最終手段仮説とは異なり、Capaldi & Miller(1988b)は、強化事象として

の食物事象を動物は日常的に計数していることを指摘した。他の手がかりが有効である時にも優先的に計数を用いているという知見は、今後の系列学習研究の発展を考える際にさらに価値を増すものと思われる。

7-6　8方向スキナー箱を用いたFountain & Rowan(1995b)

それまで広く用いられていた実験方法を変えることによって、飛躍的に研究が進歩することがある。それを最もよく証明しているのが、直線走路で食物報酬を用いていた伝統的な系列学習研究からの大きな転換をもたらしたFountainによる一連の研究である。

実験方法の転換という点で特記すべきは、スキナー箱で脳内刺激のパルス数による系列を学習させたFountain & Annau(1984)の実験である。一方、人間の系列学習では、並んでいるボタンを正しい系列順序で押すというよく用いられている方法があった（eg., Restle, 1972）。この両者をうまく組み合わせたのが、Fountain & Rowan(1995b)の研究である。

Fountain & Rowan(1995b)の実験では、1〜8の合計 8 つのレバーが取り付けられたスキナー箱の正しいレバーが押された時に視床下部に脳内刺激の報酬が与えられた。この新しい実験装置では、どのレバーを押したかということから誤答分析も可能となった。

第 6 章で検討したように、直線走路を用いた実験では不可能であるような長くて洗練された系列をラットがどのように学習するかを詳しく検討することが可能となり、系列学習研究に目覚ましい進歩をもたらした。さらに、同じ系列を人間とラットに提示して両者の差異を検討するという比較認知的観点を持った研究であるという点でも注目に値する。その後のFountainの研究の発展を支える研究として、Fountain & Rowan(1995b)を高く評価したい。

7-7　Yazawa & Fujita(1984)による短い時間間隔による分節化

古くから人間の系列学習研究では、一定の試行間間隔で事象を提示している途中に長い間隔を挿入すると、この長い間隔が系列を分ける分節手がかりにな

り、短い試行間間隔で提示されていた事象同士がまとめられ、系列が２つに分けられることが知られていた(e.g., Bower & Winzenz, 1969)。これは、いわゆる時間的に近いものがまとめられるという近接原理に当てはまる。

　これに対し、Yazawa & Fujita(1984)は、他よりも短い試行間間隔も分節手がかりになることを報告した。実験では第３試行でのみ強化を受けるNNRNNN系列が用いられ、第３・４試行間の試行間間隔のみが30分と長い以外は30秒で行われた群だけでなく、第３・４試行の試行間間隔のみが30秒と短い以外は30分という長い試行間間隔で行われた群でも、NNRNNN系列をNNR系列とNNN系列の２つに分節していた。他よりも短い試行間間隔が分節手がかりになるという結果は、Yazawa & Fujita(1984)が初めて見出した現象である。

　この結果は、時間的に近い項目同士がまとめられるという近接原理に反し、同じ間隔で与えられた項目同士がまとめられるというゲシタルト心理学でいう共通運命の法則に合致する。チャンキングや分節手がかりに関する研究の中で、絶対的な時間の長さではなく、相対的な時間の長さが重要であることを示したという点で、評価に値する研究である。

　なお、Yazawa & Fujita(1984)の15年後に、Stempowski, Carman, & Fountain（1999）は、チャンク内の試行間間隔よりも長い時間間隔を分節手がかりとするという通常の方法に加え、チャンク内よりも短い時間間隔を分節手がかりとする条件を設けて、時間的分節手がかりが学習を促進するメカニズムについて検討している。その後も、分節手がかりとして試行間間隔よりも短い時間間隔を用いることは、Fountain, Benson, & Wallace,（2000）、Wallace, Rowan, & Fountain（2008, 実験２）でも採用されている。

7-8　おわりに

　現時点から見た各研究の貢献度を考え、系列学習に焦点を当てた研究から以上の７つの研究を選んだ。部分強化研究からは習得期に注目したBittermanの研究しか入れることができなかった。しかし、系列学習にこだわることなく、純粋な部分強化研究も含めて選び出すとしたら、ぜひ入れてみたい研究がある。

それは、McCain(1966)による少数試行で部分強化効果が得られたという論文である。

　当時の部分強化理論として有力であったAmselのフラストレーション理論では、部分強化効果を得るためにはかなりの訓練試行数が必要であるとされていた。それが、McCain(1966)は、第1試行が無強化、第2試行が強化というわずか2試行の訓練で部分強化効果を得た。このような数試行の訓練で部分強化が得られたということから、厳格な理論体系が構築されていたAmselのフラストレーション理論は崩されていくことになる。まさに巨象がハチの一撃で倒されたかのようである。

　確かにフラストレーション理論や系列理論など、古くからの学習理論は多くの実験を重ね、しっかりとした理論体系を構築してきた。その一方で、今回選んだ7つの研究は、刺激としてペレット数や脳内刺激を用いた実験であったり、短い時間間隔を分節手がかりとしたり、8方向放射状スキナー箱による実験で検討が行われたなど、着眼点が優れていることや発想の転換がなされたことを示すものであった。

　研究が進んである程度の成熟期を迎えると、研究の勢いは一時頭打ちになることが多い。そこで、そのままそのテーマが衰退してしまうか、再び盛り返すことができるかは、新しい発想がなされるかにかかってくる。そのような観点から系列学習研究を考えると、その時々に新しい実験方法が生み出され、新しい仮説や理論が生まれ、部分強化、記憶弁別理論、法則符号化理論、チャンキング、系列位置学習、計数などと変遷しながら、これまで約90年間研究が継続してきたことがわかる。

　系列学習研究は現在すでに円熟期終盤に入っているのか、これから新しい展開を迎えてさらに発展していくかは、現在、系列学習の神経科学的研究や比較認知的研究を精力的に行っているFountainやその後継者がどのように研究を展開していくかによるのではないかと思う。

あとがき： 自分の研究の歴史を振り返りながら

　何事にも物事には始めと終わりがある。

　動物実験に興味を持った最初のきっかけは、筑波大学1年生の時に受講した藤田統先生の「実験心理学」の講義で、近交系マウスの回避学習実験を知ったことだった。それ以外にも授業で紹介された Lorenz や Tinbergen などの動物行動学に魅力を感じ、心理学系動物実験棟で大学院生が主催する読書会に参加するようになった、その時の大学院生がそれ以来現在まで 45 年に渡りお世話になっている宮本邦雄先生である。

　動物実験に本格的に足を踏み入れたのは、1978 年度の大学3年生での「人間学実習」であった。数名のグループで1つの実験を計画し、実験の実施、分析まですべて行うというものだった。読書会で読んでいた Gray, G. A.（著）『恐怖とストレス』に載っていた接近回避コンフリクトに関する実験をラットで行うことになり、ベニヤ板で長さ 280cm の直線走路を作成した。床には金属製のグリッドを敷き、目標箱に置かれた餌とそこで与えられる電気ショック間のコンフリクトの強さを走行時間で測定するという実験であった。

　その後、装置をそのまま活用すれば新たに作成する手間が省けるということで、直線走路を用いて卒論に取り組むことになった。コンフリクトに関連がありそうだという理由で、目を付けたのが Amsel & Roussel(1952)による走路を2つ連結した二重走路を用いたフラストレーションに関する論文であった。この論文を全訳して指導教員である藤田統先生を人間学類長室に訪ね、丁寧に添削していただいた。

　初めて手にした論文が Amsel & Roussel(1952)だったことから、その後 Amsel の論文を読み漁った。これが将来的に系列学習へと続く部分強化研究に携わることになった自分の研究史の始まりである。

　この大学3・4年生の頃は、動物学習において認知的なアプローチが盛んに

なり始め、動物認知の先駆的な書籍として定評がある "Cognitive Processes in Animal Behavior" が出版された 1978 年の時期に重なる。しかし、当時は動物学習心理学に新しい風が吹き始めているという知識は全くなかった。動物棟では藤田統先生や牧野順四郎先生が推し進めていた行動遺伝学や動物行動学の影響が強いこともあり、伝統的な学習研究は時代遅れであるとみなされていた。

　大学附属図書館では古い文献は地下に保管されており、上の階にある最新雑誌コーナーにはほとんど見向きもせず、卒業論文の参考にする文献を探しに古書の匂いに包まれた地下に降りていくのが日課となった。Capaldi(1978)の強化レベル理論を検討していた Morris ＆ Capaldi(1979)と Seybelt, Bear, Harvey, Ldwig, ＆ Gerard(1979）を最新雑誌コーナーで一旦は手にしたが、N-length や N-R 移行数というのが何のことかわからず、そのまま書棚に戻した覚えがある。

　卒業論文では、藤田統先生が選択交配実験によって作り出した高情動反応性系と低情動反応性系ラットを用いて、両系統の部分強化効果を比較した。低情動反応性系の部分強化効果の方が小さいという結果を無強化によって生じる情動的な面に注目し、Amsel のフラストレーション理論に基づいて考察した。

　宮本邦雄先生が卒業論文の参考にするようにと Capaldi ＆ Senko(1962)の論文を渡してくれたことがあった。しかし、卒業論文ではフラストレーション理論の立場に立っていたので、Capaldi の文献にはほとんど関心を向けることはなく、Capaldi(1966, 1967)の系列理論が部分強化理論の中心に位置していたことも知ることはなかった。

　大学院に進学し、さらに部分強化研究を進めようと思っていた時に、ふと取り出したのが約 1 年前に渡されてそのままになっていた Capaldi ＆ Senko(1962)であった。そこで、Tyler, Wortz, ＆ Bitterman(1953)の部分強化に関する弁別理論などを知ることになる。フラストレーション理論一辺倒であった状況から、様々な部分強化理論に目が向くようになり、1970 年代までに激しい論争が繰り広げられていた部分強化理論の展開に興味を持つとともに、徐々に Amsel のフラストレーション理論から Capaldi の系列理論へと関心が移っていった。

　Capaldi の系列理論を理解する際に非常に参考となったのが、大阪教育大学の

石田雅人先生の論文だった。部分強化は古くから学習理論における重要な問題であったことから、歴史的には日本でも多くの著名な心理学者が一度は部分強化研究に取り組んでいた経緯があった（eg., 浅見, 1954）。しかし、1970年代から80年代にかけて日本で部分強化を精力的に研究していたのは石田先生をおいて他にいなかった。ある意味では、学習理論は古いテーマであると考えられていて、1980年代にあえて部分強化をテーマに選ぶというのは新奇な目で見られても仕方がない状況だった。そのような中で、初めて学会で石田先生に会い、研究テーマが同じということだけで、非常によくしていただいた。日本心理学会と日本動物心理学会で年2回いろいろと部分強化について話ができることが大きな楽しみであった。

1981年度に取り組んだ修士論文では、部分強化研究の中で当時新しい考えを導入していたCapaldi(1978)の強化レベル理論に注目した。そして、訓練に伴って強化率が漸次的に増加する系列とその逆の漸次的に減少する系列を比較することによって、Amselのフラストレーション理論とCapaldiの強化レベル理論の検討を行った。そこで一番参考になったのは、強化レベル理論を支持していたIshida(1978)の論文であった。得られた結果もIshidaと同じく、フラストレーション理論を否定し、強化レベル理論に一致するものであった。

ここにおいて、1930年代から長く続いていた部分強化研究の流れに自分自身がやっと追いついたことを実感することとなった。しかし、修士論文を書きながら、消去について扱った新しい部分強化研究がほとんど見つからず、部分強化研究の停滞も感じていた。

修士論文後の研究の方向性を決定させることになったのは、Capadi(1979)の論文であった。これは時代的に見ても、部分強化研究の視点が消去抵抗から系列学習へと移行するきっかけになった論文の1つである。そこでは、NNNNR系列やRNNNN系列に対する習得期の走行が分析の中心であり、消去抵抗ではなく、習得期に与えられた系列に対する学習に焦点が当てられていた。また、修士論文に取り組む前の大学院1年生の時に、NNR系列での走行分化が報告されていたCapaldi & Senko(1962)を参考に、RNN系列、NNR系列、RRR系列

の習得と消去について比較する実験を行い、RNN 系列と NNR 系列では習得期に走行の分化が示されることを得ていた。

　このようなことから、博士論文作成に向けて行った最初の実験ではCapaldi(1979)の NNNNR 系列と RNNNN 系列に加えて、途中に強化試行を配置する NNRNN 系列や NNRNNN 系列を用いて、試行間間隔の影響を検討することに取り組むことにした。これは、当時の系列学習を巡る Hulse と Capaldi の論争にうまく絡むことができる新しい観点を持つ研究となるものであった。

　筑波大学動物棟ではお互いに刺激し合うことができる同学年の院生が 2 名いた。一人は同じ藤田統研究室の安念保昌さんで、ラットを集団で飼育してコロニーでの攻撃行動を研究していた。もう一人の平賀義裕さんは岩崎庸男研究室で空間記憶に及ぼす薬物の効果について 8 方向放射状迷路を用いて検討していた。その 2 名と密かに打ち立てた目標があった。それは、それぞれの研究を各自の分野で一番定評がある外国雑誌に掲載するというものであった。

　現在では外国の学術雑誌に掲載されることは当たり前のことではあるが、当時の動物棟では長い間外国の学術雑誌に投稿する者はいないという状況であった。互いに競い合った結果、大学院最終学年の 1984 年という同じ年に Annen & Fujita(1984)の論文が ”Aggressive Behavior” に、Hiraga & Iwasaki(1984)の研究が ”Pharmacology Biochemistry & Behavior” に、Yazawa & Fujita (1984)の論文が ”Animal Learning & Behavior”（現. Learning & Behavior）にそれぞれ掲載され、3 名とも目標を達成することができた。

　1984 年という年は系列学習研究においても意味を持つ年であった。それは、第 5 章で述べたように、Fountain, Henne, & Hulse(1984)、Capaldi, Verry, Nawrocki, & Miller(1984)、Yazawa & Fujita(1984)というその後の系列学習研究、特にチャンキングや遠隔予期に関する研究の方向性に大きな影響を及ぼした 3 研究が発表されたからである。Yazawa & Fujita(1984)は自分自身の初めての外国雑誌への掲載であったが、Capaldi、Hulse、Fountain という本書でも大きなページ数を割いて研究を紹介した系列学習の大家と一時期ではあっても肩を並べられたことには感慨深いものがある。今でも ”Animal Learning & Behavior” に掲載

が決まった時の編集者のコメントに一言 "It is sophisticated, very sophisticated" と書かれていたことを鮮明に思い出すことができる。

　ちょうどその頃、ハワイ大学の Bitterman が日本を訪問し、筑波大学も訪れた。私にとっては部分強化理論における弁別仮説の提唱者に会うことができるということで、夢のような機会となった。動物学習に関する招待講演会が行われる前日に、動物棟の大学院生が自分の研究を発表する機会があり、Yazawa & Fujita (1984) として掲載が決定していたチャンキングの実験結果を発表した。その時に Bitterman が「Capaldi はテキサス大学時代の自分の教え子であるが、まさにこの場にもう一人の Capaldi がいるように感じた」とコメントしてくれたことは大きな喜びであった。

　その後、縁があって 1985 年に岐阜県にある東海女子大学 (現. 東海学院大学) に就職した。筑波大学動物棟に出入りするきっかけとなった読書会を主催してくれていた宮本邦雄先生が開学とともに赴任されていた大学であり、宮本先生の努力のおかげで地方の私立大学としては珍しく動物実験の設備が整っていた。幸運なことに何の問題なく大学院までの研究をそのまま継続することができ、Yazawa & Fujita(1984) に続く系列学習におけるチャンキングに焦点を当てた研究として、矢澤(1990, 1991, 1993, 1995)、矢澤・藤田 (1992) の5論文を『心理学研究』に掲載できた。

　大学1年生の時に藤田統先生の「実験心理学」の講義で使用された磯貝・藤田・森 (編著) のテキスト『心の実験室』(福村出版) で近交系マウスの回避学習とともに興味を持った、キンギョの記憶の固定に関する実験で知られる岐阜大学の大井修三先生 (現. 岐阜女子大学) には、動物棟の大先輩として岐阜ではたいへんお世話になっている。さらに、大学院で同期であった安念保昌さんが愛知みずほ大学に赴任してきてからは、岐阜で4名の動物棟出身者で会合を開くことも多い。

　心理学における動物実験は飼育から実験まで大変手間がかかる。特に直線走路を用いた部分強化や系列学習実験では、学習条件が変わらないように土日もなく毎日実験を行わなくてはならない。試行間間隔を 30 分とした場合には、

5匹のラットを1グループとして5試行行うとしても、1グループあたり約3時間実験に拘束され、それが約3か月以上毎日続くことになる。スキナー箱などのように実験の自動化がなされている場合にはそのような問題はないが、直線走路を用いた実験では、ラットの装置への出し入れや1試行ごとに目標箱に餌ペレットを入れるなど、実験者が常に実験装置の脇にいなくてはならない。

大学院生の頃には1日に5・6時間かけて実験をしていることもできたが、大学に職を得た後には、授業や会議、出張、学生引率などの関係などで徐々に実験に費やす時間を作ることが難しくなってくる。そのようなこともあって、1995年以降は系列学習に関する実験自体は断続的に行うだけとなり、系列学習の前線からは退いてしまった感が強い。

しかし、実験自体からは徐々に離れてしまったとしても、研究テーマとして系列学習をずっと追い続けていることも事実である。これまで、部分強化理論の展開(矢澤, 1985)、HulseとCapaldiの対立（矢澤, 1986）、1980年代の展開(矢澤, 1992)、それまでの総括（矢澤, 1998）、系列位置学習（矢澤, 2012）、計数（矢澤, 2013a）、チャンキング（矢澤, 2013b）、Fountainの研究（2018）とそれぞれのテーマについて追いかけてきた。

今回はそれらの原稿を洗い直し、修正と加筆を行い、1つの新たな系列学習の展開として各研究を紡ぎ直した。自分としては実際に系列学習の論争の表舞台にいたのは1984年から1995年までの約10年間だけであったが、その時には見えなかった新しい景色を今回見ることができたように思う。

今後の系列学習がどのように展開するかを楽しみにしながら、これまで大変お世話になってきた藤田統先生、牧野順四郎先生、大井修三先生、宮本邦雄先生、石田雅人先生、そして同期の安念保昌さんに感謝しながら、本書の出版によって系列学習研究に対して自分なりの1つの区切りを引くことにする。

2020年6月21日　　矢澤　久史

引用文献

Amsel, A. (1958). The role of frustrative nonreward in noncontinuous reward situations. *Psychological Bulletin, 55*, 102-119.

Amsel, A.（1967）. Partial reinforcement effect on vigor and persistence: Advance in frustration theory derived from a variety of within-subjects experiments. In K.W. Spence & J.T. Spence（Eds.）*The psychology of Learning and Motivation: Advance in Research and Theory*. Vol.1. New York: Academic Press. pp.1-65.

Amsel, A. (1972). Behavioral habituation, counterconditioning, and a general theory of persistence. In A. Black W. Prokasy (Eds.), *Classical conditioning II: Current theory and research*. New York: Appleton Century-Crofts. pp. 409-426.

Amsel, A., & Ward, J.S.（1965）. Frustration and persistence: Resistance to discrimination following prior experience with the discriminanda. *Psychological Monographs, 79*（Whole No.597）.

Annen, Y., & Fujita, O. (1984). Intermale aggression in rats selected for emotional reactivity and their reciprocal F1 and F2 hybrids. *Aggressive Behavior, 10*, 11-19.

浅見千鶴子 (1954). 間歇強化に於ける配合型の効果について　心理学研究, *24*, 268-276.

Bitterman, M.E., Fedderson, W.E., & Tyler, D.W.（1953）. Secondary reinforcement and the discrimination hypothesis. *American Journal of Psychology, 66*, 456-464.

Bloom, J.M. & Capaldi, E.J. (1961). The behavior of rats in relation to complex patterns of partial reinforcement. *Journal of Comparative and Psysiological Psychology, 54*, 261-265.

Bower, G.H. (1971). Adaptation-level coding of stimuli and serial position effects. In M.H. Appley (Ed.), *Adaptation-level theory*. New York: Academic Press. pp.175-201.

Bower, G.H., & Winzenz, D. (1969). Group structure, coding, and memory for digit series.

Journal of Experimental Psychology Monographs, 80(2, Pt.2).

Burns, R.A.（1976）. Effects of sequences of sucrose reward magnitudes with short ITIs in rats. *Animal Learning & Behavior, 4,* 473-479.

Burns, R.A.（1984）. The goal units dimension in negative contrast failures with sucrose. *Journal of General Psychology, 111,* 9-23.

Burns, R.A., & Criddle, C.R. (2001). Retention of ordinal position information with limited and extended serial training. *The Psychological Record, 51,* 445-452.

Burns, R. A., & Dunkman, J. A.（2000）. Ordinal position learning and remote anticipation. *Journal of General Psychology, 127,* 229–238.

Burns, R.A., Dunkman, J.A., & Detloff, S.L.（1999）. Ordinal position in the serial learning of rats. *Animal Learning & Behavior, 27,* 272-279.

Burns, R.A., Goettl, M.E., & Burt, S.T.（1995）. Numerical discriminations with arrhythmic serial presentations. *The Psychological Record, 45,* 95-104.

Burns, R.A., & Gordon, W.U.（1988）. Some further observations on serial enumeration and categorical flexibility. *Animal Learning & Behavior, 16,* 425-428.

Burns, R.A., Johnson, K.S., Harris, B.A., Kinney, B.A., & Wright, S.E. (2004). Functional cues for position learning effects in animals. *The Psychological Record, 54,* 233-254.

Burns, R.A., Kinney, B.A., & Criddle, C.R.（2000）. Position cues and reward memories as compatible components of serial learning. *Learning & Motivation, 31,* 236-250.

Burns, R.A. & Nesbitt, F.A. (1990).　A test for S-S associations in a conditional counting task. *Bulletin of the Psychonomic Society, 28,* 441-444.

Burns, R.A., Racey, D.E., & Ratliff, C.L.（2008）. The roles of outcome and position associations in animal serial learning. *Learning and Motivation, 39,* 1-12.

Burns, R.A., & Sanders, R.E. (1987). Concurrent counting of two and three events in a serial anticipation paradigm. *Bulletin of the Psychonomic Society, 25,* 479-481.

Burns, R.A. & Wiley, L.P. (1984). Interevent anticipation of liquid and solid sucrose rewards. *Bulletin of the Psychonomic Society, 22,* 571–573.

Burns, R.A, Wiley, L.P., & Payne, T.L. (1986). Temporal cueing of runs in series of reward events reduces interevent anticipation. *Animal Learning & Behavior, 14*, 190-196.

Burns, R.A., Wiley, L.P., & Stephens, J. (1986). Interevent anticipation with external cueing of runs and sucrose rewards. *The Psychological Record, 36*, 101-107.

Campbell, P.E., Crumbaugh, C.M., Rhodus, D.M., & Knouse, S.B. (1971). Magnitude of partial reward and amount of training in the rat: A hypothesis of sequential effects. *Journal of Comparative and Psysiological Psychology, 75*, 120-128.

Capaldi, E.J. (1964). Effect of N-length, number of different N-lengths, and number of reinforcements on resistance to extinction. *Journal of Experimental Psychology, 68*, 230-239.

Capaldi, E.J. (1966). Partial reinforcement: A hypothesis of sequential effect. *Psychological Review, 73*, 459-477.

Capaldi, E.J. (1967). A sequential hypothesis of instrumental learning. In K.W. Spence, & J. T. Spence (Eds.), *The psychology of learning and motivation: Advances in research and theory.* Vol. 1. New York: Academic Press. pp. 67-156.

Capaldi, E. J. (1970). An analysis of the role of reward and reward magnitude in instrumental learning. In J. H. Reynierse (Ed.), *Current Issues in Animal Learning.* Lincoln, NB: University of Nebraska Press. pp. 357–389.

Capaldi, E.J. (1971). Memory and learning: A sequential viewpoint. In W.K. Honig & P.H.R. James (Eds.), *Animal memory.* New York: Academic Press. pp.111-154.

Capaldi, E.J. (1974). Partial reward either following or preceding consistent reward: A case of reinforcement level. *Journal of Experimental Psychology, 102*, 954-962.

Capaldi, E.J. (1978). Reinforcement level: An expectancy associative approach to relative reinforcement and nonreinforcement effect. In J. Baerwaldt (Ed.), *The Arlington Symposium on Learning.* Stanford, Conn.: Greylock.

Capaldi, E.J. (1979). Latent discrimination learning under a regular schedule of partial reinforcement. *Animal Learning & Behavior, 7*, 63-68.

Capaldi, E.J. (1985). Anticipation and remote associations: A configural approach. *Journal of Experimental Psychology: Learning, Memory, and Cognition, 11*, 444-449.

Capaldi, E.J.（1992）. Levels of organized behavior in rats. In W.K. Honig & J.G. Fetterman（Eds.）*Cognitive aspects of stimulus control.* Hillsdale, NJ: Erlbaum. pp.385-404.

Capaldi, E.J. (1993). Animal number abilities: implications from a hierarchical approach to instrumental learning. In S. T. Boysen & E. J. Capaldi（Eds）, *The development of numerical competence: animal and human models.* Hillsdale（NJ）: Lawrence Erlbaum. pp.191-210.

Capaldi, E. J. (1994). The sequential view: From rapidly fading stimulus traces to the organization of memory and the abstract concept of number. *Psychonomic Bulletin & Review, 1*, 156-181.

Capaldi, E. J., Alptekin, S., Miller, D. J., & Birmingham, K. M. (1997). Is discriminative responding in reward outcome serial learning mediated by item memories or by position cues? *Learning and Motivation, 28*, 153-169.

Capaldi, E.J., Birmingham, K.M., & Miller, R.M.（1999）. Forming chunks in instrumental learning: The role of overshadowing. *Animal Learning & Behavior, 27*, 221–228.

Capaldi, E.J. & Capaldi, E.D. (1970). Magnitude of partial reward, irregular reward schedule and a 24-hr ITI: A test of several hypothesises, *Journal of Comparative and Psysiological Psychology, 72*, 203-209.

Capaldi, E.J., & Hart, D.（1962）. Influence of a small number of partial reinforcement training trials on resistance to extinction. *Journal of Experimental Psychology, 64*, 166-171.

Capaldi, E.J., & Kassover, K.（1970）. Sequence, number of nonrewards, anticipation, and intertrial interval in extinction. *Journal of Experimental Psychology, 84*, 470-476.

Capaldi, E. J., Lanier, A. T., & Godbout, R. C. (1968). Reward schedule effects following severely limited acquisition training. *Journal of Experimental Psychology, 78*, 521-524.

Capaldi, E.J., & Martins, A.P.G.（2010）. Applying memories of reinforcement outcomes mainly to Pavlovian conditioning. *Learning and Motivation, 41*, 187-201.

Capaldi, E.J., Martins, A.P.G., & Altman, M.（2009）. Memories of reward and nonreward regulate the extinction and reacquisition of both excitatory and inhibitory associations. *Learning and Motivation, 40*, 259-273.

Capaldi, E.J., & Miller, D.J. (1988a) .The rat's simultaneous anticipation of remote events and current events can be sustained by event memories alone. *Animal Learning & Behavior, 16,* 1-7.

Capaldi, E.J., & Miller, D.J. (1988b). Counting in rats: Its functional significance and the independent cognitive processes that constitute it. *Journal of Experimental Psychology: Animal Behavior Processes, 14,* 3-17.

Capaldi, E.J., & Miller, D.J. (1988c). Number tags applied by rats to reinforcers are general and exert powerful control over responding. *The Quarterly Journal of Experimental Psychology, 40,* 279-297.

Capaldi, E.J., Miller, D.J., & Alptekin, S. (1988). Numerical aspects of nonreinforcement: The same-phase nonreinforcement procedure. *Animal Learning & Behavior, 16,* 411–416.

Capaldi, E.J., Miller, D.J., & Alptekin, S. (1989). A conditional numerical discrimination based on qualitatively different reinforcers. *Learning & Motivation, 20,* 48-59.

Capaldi, E.J., Miller, D.J., Alptekin, S., & Barry, K. (1990). Organized responding in instrumental learning: Chunks and superchunks. *Learning and Motivation, 21,* 415-433.

Capaldi, E. J., & Miller, R. M. (2001). Stimulus control of anticipatory responding in instrumental learning as revealed in serial learning tasks. *Animal Learning & Behavior, 29,* 165-175.

Capaldi, E.J., & Miller, R.M. (2004). Serial learning in rats: a test of three hypotheses. *Learning and Motivation, 35,* 71–81

Capaldi, E.J., & Minkoff, R. (1967). Reward schedule effects at a relatively long intertrial interval. *Psychonomic Science, 9,* 169-170.

Capaldi, E.J., & Molina, P. (1979). Element discriminability as a determinant of serial-pattern learning. *Animal Learning & Behavior, 7,* 318-322.

Capaldi, E.J., Nawrocki, T.M., Miller, D.J., & Verry, D.R.（1985）. An examination into some variable said to affect serial learning. *Animal Learning & Behavior*, *13*, 129-136.

Capaldi, E.J., Nawrocki, T.M., Miller, D.J., & Verry, D.R.（1986a）. Time between events as a retrieval cue: Recall and the temporal similarity between the storage and retrieval intervals. *Journal of Experimental Psychology: Animal Behavior Processes*, *12*, 258-269.

Capaldi, E.J., Nawrocki, T.M., Miller, D.J., & Verry, D.R. (1986b). Grouping, chunking, memory, and learning. *Quarterly Journal of Experimental Psychology, 388*, 53-80.

Capaldi, E.J., Nawrocki, T.M., & Verry, D.R. (1982). Difficult serial anticipation learning in rats: Rule-encoding vs. memory. *Animal Learning & Behavior, 10*, 167-170.

Capaldi, E.J., Nawrocki, T.M., & Verry, D.R.（1983）. The nature of anticipation: An inter- and intraevent process. *Animal Learning & Behavior*, 11, 193-198.

Capaldi, E.J., & Spivey, J.E.（1964）. Stimulus consequences of reinforcement and nonreinforcement: Stimulus traces or memory. *Psychonomic Science, 1,* 403-404.

Capaldi, E.J., & Stanley, L.R. (1963). Temporal properties of reinforcement aftereffects. *Journal of Experimental Psychology, 65*, 169-175.

Capaldi, E.J., Veatch R.L., Stefaniak, D.E. (1966). Stimulus control of patterning behavior. *Journal of Comparative and Physiological Psychology, 61,* 161–164.

Capaldi, E.J., & Verry, D.R.（1981）. Serial order anticipation learning in rats: Memory for multiple hedonic events and their order. *Animal Learning & Behavior*, *9*, 441-453.

Capaldi, E.J., Verry, D.R., & Davidson, T.L.（1980a）. Memory, serial anticipation pattern learning, and transfer in rats. *Animal Learning & Behavior*, *8*, 575-585.

Capaldi, E.J., Verry, D.R., & Davidson, T.L. (1980b). Why rule encoding by animals in serial learning remains to be established. *Animal Learning & Behavior, 8,* 691-692.

Capaldi, E.J., Verry, D.R., & Nawrocki, T.M.（1982）. Multiple hedonic memory: Memory for more than one hedonic event in rats. *Animal Learning & Behavior, 10*, 351-357.

Capaldi, E.J., Verry, D.R., Nawrocki, T.M., & Miller, D.J. (1984). Serial learning, interitem associations, phrasing cues, interference, overshadowing, chunking, memory, and extinction. *Animal Learning & Behavior, 12,* 7–20.

Capaldi, E. J., Ziff, D. R., & Godbout, R. C. (1970). Extinction the necessity or non-necessity of anticipating reward on nonreward trials. *Psychonomic Science, 18,* 61-63.

Church, R. M., & Meck, W. H. (1984). The numerical attribute of stimuli. In H. L. Roitblatt, T. G. Bever, & H. S. Terrace (Eds.), *Animal Cognition.* Hillsdale, NJ: Erlbaum. pp.44 5–464.

Cohen, J.S., Fuerst, D., & Roberts, R. (1991). The role of stimulus modality in rats' short-term memory reconsidered.; *Canadian Journal of Psychology, 45.* 288-302.

Cohen, J.S., Galgan, R., & Fuerst, D. (1986). Retrospective and prospective short-term memory in delayed response tasks in rats. *Animal Learning & Behavior, 14,* 38-50.

Cohen, J.S., Mohamoud, S., Szelest, I., & Kani, T. (2008). Rats' anticipation of current and future trial outcomes in the ordered RNR/RNN serial pattern task. *Learning and Motivation, 39,* 24-46.

Cohen, J.S., Westlake, K., & Pepin, M. (2001). Higher order chunking in serial pattern learning by rats in the T-Maze. *Learning and Motivation, 32,* 409-433.

Colombo, M., & Frost, N. (2001). Representation of serial order in humans: A comparison to the findings with monkeys *(Cebus apella). Psychonomic Bulletin & Review, 8,* 262-269.

Couvillon, P.A., Brandon, S., Woodard, W.T., & Bitterman, M.E. (1980). Performance of pigeons in patterned sequences of rewarded and nonrewarded trials. *Journal of Experimental Psychology: Animal Behavior Processes, 6,* 137-154.

Crowder, R.G. (1976). *Principles of learning and memory.* Hillsdale, N.J.: Erlbaum.

Crowder, R.G., & Greene, R.L. (2000). Serial learning: Cognition and behavior. In F.I.M. Craik & E. Tulving (Eds.), *Handbook of Memory.* Oxford, England: Oxford University Press. pp.125-135.

Davis, H., & Bradford, S.A. (1986). Counting behavior by rats in a simulated natural environment. *Ethology, 73,* 265-280.

Davis, H., & Memmott, J. (1982). Counting behavior in animals: A critical evaluation.

Psychological Bulletin, 92, 547–571.

Davis, H., & Pérusse, R.（1988）. Numerical competence in animals: Definitional issues, current evidence, and a new research agenda. *Behavioral & Brain Sciences, 11*, 561–615

Dehaene, S.（1997）. *The number sense.* Oxford University Press, Penguin press, New York, Cambridge. UK.

Ebbinghaus, H. (1885). *Uber das gedachtnis: Untersuchungen zur experimentellen psychologie.* Leipzig: Duncker and Humboldt. [Reprinted as H. E. Ebbinghaus (1964). *Memory: A contribution to experimental psychology* (H. A. Ruger, & C. E. Bussenius Trans.). New York: Dover.

Ebenholtz, S.M. (1963). Serial learning: position learning and sequential associations. *Journal of Experimental Psychology. 66*, 353-362.

Ebenholtz, S.M. (1972). Serial learning and dimensional organization. In G. Bower(ed.), *The psychology of learning and motivation.* New York: Academic Press. pp. 267-314.

Fernald, D.（1984）. *The Hans legacy: A story of science.* Hillsdale, NJ: Erlbaum

Fernandes, D.M., & Church, R.M. (1982). Discrimination of the number of sequential events by rats. *Animal Learning and Behavior, 10*, 171-176.

Fountain, S. B. (1990). Rule abstraction, item memory, and chunking in rat serial-pattern tracking. *Journal of Experimental Psychology: Animal Behavior Processes, 16*, 96-105.

Fountain, S. B. (2006). The structure of sequential behavior. In E. A. Wasserman and T. R. Zentall (Eds.), *Comparative Cognition: Experimental Explorations of Animal Intelligence.* Oxford: Oxford University Press. pp.439-458.

Fountain, S.B.（2008）. Pattern structure and rule induction in sequential learning. *Comparative Cognition & Behavior Reviews, 3*, 66-85.

Fountain, S. B., & Annau, Z. (1984). Chunking, sorting, and rule-learning from serial patterns of brain-stimulation reward by rats. *Animal Learning & Behavior, 12*, 265-274.

Fountain, S. B., & Benson, D. M. (2006). Chunking, rule leaning, and multiple item memory in rat interleaved serial pattern learning. *Learning and Motivation, 37*, 95-112.

Fountain, S.B., Benson, A.M., & Wallace, D. G. (2000). Number, but not rhythmicity, of temporal cues determines phrasing effects in rat serial-pattern learning. *Learning & Motivation, 31*, 301–322.

Fountain, S. B., & Doyle, K. E. (2011). Association and abstraction in sequential learning: "What is learned?" revisited. *International Journal of Comparative Psychology, 24*, 437-459.

Fountain, S. B., Evensen, J. C., & Hulse, S. H. (1983). Formal structure and pattern length in serial pattern learning by rats. *Animal Learning & Behavior, 11*, 186-192.

Fountain, S.B., Henne, D. R., & Hulse, S. H. (1984). Phrasing cues and hierarchical organization in serial pattern learning by rats. *Journal of Experimental Psychology; Animal Behavior Processes, 10*, 30-45.

Fountain, S. B., & Hulse, S. H. (1981). Extrapolation of serial stimulus patterns by rats. *Animal Learning & Behavior, 9*, 381-384.

Fountain, S. B., Krauchunas, S. M., & Rowan, J. D. (1999). Serial-pattern learning in mice: Pattern structure and phrasing. *Psychological Record, 49*, 173-192.

Fountain, S.B., & Rowan, J. D. (1995a). Sensitivity to violations of "run" and "trill" structure in rats. *Journal of Experimental Psychology: Animal Behavior Processes, 21*, 78-81.

Fountain, S.B., & Rowan, J.D. (1995b). Coding of hierarchical versus linear pattern structure in rats and humans. *Journal of Experimental Psychology: Animal Behavior Processes, 21*, 187–202.

Fountain, S. B., & Rowan, J. D. (2000). Differential impairments of rat serial pattern learning and retention induced by MK-801, an NMDA receptor antagonist. *Psychobiology, 28*, 32-44.

Fountain, S. B., Rowan, J. D., & Benson, D. M., Jr. (1999). Rule learning in rats: Serial tracking in interleaved patterns. *Animal Cognition, 2*, 41-54.

Fountain, S. B., Rowan, J. D., & Carman, H. M. (2007). Encoding structural ambiguity in rat serial pattern learning: The role of phrasing. *International Journal of Comparative*

Psychology, 20, 25-34.

Fountain, S. B., Rowan, J. D., Kelley, B. M., Willey, A. R., & Nolley, E. P. (2008). Adolescent exposure to nicotine impairs adult serial pattern learning in rats. *Experimental Brain Research, 187*, 651-656.

Fountain, S. B., Rowan, J. D., Muller, M. D., Kundey, S. M. A., Pickens, L. R. G., & Doyle, K. E. (2012). The organization of sequential behavior: Conditioning, memory, and abstraction. In T. R. Zentall and E. A. Wasserman (Eds.), *Handbook of Comparative Cognition*. Oxford: Oxford University Press. pp.594-614.

Fountain, S. B., Rowan, J. D., & Wollan, M. O. (2013). Central cholinergic involvement in sequential behavior: Impairments of performance by atropine in a serial multiple choice task for rats. *Neurobiology of Learning and Memory, 106*, 118-126.

Fountain, S. B., Schenk, D. E., & Annau, Z. (1985). Serial-pattern-learning processes dissociated by trimethyltin exposure in rats. *Physiological Psychology, 13*, 53-62.

Fountain, S. B., Wallace, D. G., & Rowan, J. D. (2002). The organization of sequential behavior. In S. B. Fountain, M. D. Bunsey, J. H. Danks, & M. K. McBeath (Eds.), *Animal Cognition and Sequential Behavior: Behavioral, Biological, and Computational Perspectives*. Boston, MA: Kluwer Academic Publishers. pp.115-150.

藤田統（1969）．学習における比較心理学的諸研究　本吉良治（編）講座心理学　第6巻　東京大学出版会　pp.213-237.

Garlick, D., Fountain, S. B., & Blaisdell, A. P. (2017). Serial pattern learning in pigeons: Rule-based or associative? *Journal of Experimental Psychology: Animal Learning and Cognition, 43*, 30-47.

Gelman, R., & Gallistel, C. R.（1978）. *The child's understanding of number.* Cambridge, MA: Harvard University Press.

Grant, D.S.(1981). Short-term memory in the pigeon. In N.E.Spear & R.R.Miller(Eds.) *Information processing in animals: Memory mechanisms*. Hillsdale, N.J. Erlbaum. pp.227-256.

Haggbloom, S.J.（1985）. Serial learning and transfer in rats: Effects of changes in stimulus-

stimulus associations, pattern structure, and serial position information. *Animal Learning & Behavior, 13,* 370-374.

Haggbloom, S.J. (1993). Positive transfer across grouping cue modalities in rat serial learning. *Learning & Motivation, 24,* 266–281.

Haggbloom, S.J., Birmingham, K.M., & Scranton, D.L. (1992). Hierarchical organization of series information by rats: Series chunks and list chunks. *Learning & Motivation, 23,* 183-199.

Haggbloom, S.J., & Brooks, D.M. (1985). Serial anticipation and pattern extrapolation in rats as a function of element discriminability. *Animal Learning & Behavior, 13,* 303-308.

Haggbloom, S.J., & Ekdahl, M.W. (1985). Effects of interrun interval on serial learning. *Animal Learning & Behavior, 13,* 98-102.

Haggbloom, S.J., & Thomas, D.H. (1987). Serial learning at one trial per day: Effects of interrun interval and interrun interval shifts. *Bulletin of the Psychonomic Society, 25,* 391-393.

Hiraga, Y., & Iwasaki, T. (1984). Effects of cholinergic and monoaminergic antagonists and tranquilizers upon spatial memory in rats. *Pharmacology Biochemistry & Behavior, 20,* 205-207.

Honig, W. K. (1978). Studies of working memory in the pigeon. In S. H. Hulse, H, Fowler, & W. K. Honig (Eds.), *Cognitive Processes in Animal Behavior.* Hillsdale N. J.: Erlbaum. pp. 211- 248.

Hovland, C. I. (1952). A communication analysis of concept learning. *Psychological Review. 59,* 461-472.

Hull, C.L. (1931). Goal attraction and directing ideas conceived as habit phenomena. *Psychological Review, 38,* 487-506.

Hull, C.L. (1943). *Principles of behavior.* New York: Appleton-Century-Crofts.

Hull, C.L. (1952). *A behavior system: An introduction to behavior theory concerning the individual organism.* New Haven: Yale Univ. Press.

Hull, C.L., Hovland, C.I., Ross, R.T., Hall, M., Perkins, D.T, & Fitch, F.B. (1940). *Mathematic- deductive theory of rote learning.* New Haven: Yale University Press.

Hulse, S.H. (1962). Partial reinforcement, continuous reinforcement, and reinforcement shift effect. *Journal of Experimental Psychology, 64,* 451-459.

Hulse, S.H. (1978). Cognitive structure and serial pattern learning by animals. In S.H. Hulse, H. Fowler, & W.K. Honig (Eds.), *Cognitive Processes in Animal Behavior.* Hillsdale, N. J: Erlbaum. pp.311-340.

Hulse, S.H. (1980). The case of missing rule: Memory for reward vs. formal structure in serial-pattern learning by rats. *Animal Learning & Behavior, 8,* 689-690.

Hulse, S.H., & Campbell, C.E. (1975). "Thinking ahead" in rat discrimination learning. *Animal Learning & Behavior, 3,* 305-311.

Hulse, S.H., & Cynx, J. (1986). Interval and contour in serial pitch perception by a passerine bird, the European starling (*Sturnus vulgaris*). *Journal of Comparative Psychology, 100,* 215- 228.

Hulse, S.H., & Dorsky, N.P. (1977). Structural complexity as a determinant of serial pattern learning. *Learning & Motivation, 8,* 488-506.

Hulse, S.H., & Dorsky, N.P. (1979). Serial pattern learning by rats: Transfer of a formally defined stimulus relationship and the significance of nonreinforcement. *Animal Learning & Behavior, 7,* 211-220.

Hulse, S. H., Egeth, H., & Deese, J. (1980). *The psychology of learning* (5th ed.). New York: McGraw-Hill.

Hulse, S.H., Fowler, H., & Honig, W.K. (1978). *Cognitive Processes in Animal Behavior.* Hillsdale, N.J.: Erlbaum.

Hulse, S.H., & O'Leary, D. K . (1982). Serial pattern learning : Teaching an alphabet to rats. *Journal of Experimental Psychology : Animal Behavior Processes, 8,* 260-273.

Humphreys, L.G. (1939a). The effect of random alternation of reinforcement on the acquisition and extinction of conditioned eyelid reactions. *Journal of Experimental Psychology, 25,* 141-158.

Humphreys, L.G. (1939b). Acquisition and extinction of verbal expectations in a situation analogous to conditioning. *Journal of Experimental Psychology*, *25*, 291-301.

Humphreys, L. G. (1940). Extinction of conditioned psychogalvanic responses following two conditions of reinforcement. *Journal of Experimental Psychology*, *27*, 71-75.

Hunter, W.S. (1920). The temporal maze and kinaesthetic sensory processes in the white rat. *Psychobiology*, *2*, 1-17.

Ishida, M. (1978). The effect of distribution pattern of partial reinforcement on resistance to extinction. *Journal of General Psychology, 99,* 33-40.

Ison, J., & Cook, P. (1964). Extinction performance as a function of incentive magnitude and number of trials. *Psychonomic & Science*, *1*, 245-246.

Jenkins, W.O., & Stanley, J. C. (1950). Partial reinforcement: A review and critique. *Psychological Bulletin, 47*, 193-234.

Jobe, J.B., Mellgren, R.L., Feinberg, R.A, Littlejohn, R.L., & Rigby, R.L. (1977). Patterning, partial reinforcement, and N-length effects at spaced trials as a function of reinstatement of retrieval cues. *Learning & Motivation*, *8*, 77-97.

Johnson, G. J. (1991). A distinctiveness model of serial learning. *Psychological Review*, 98, 204-217.

Jones, M.R. (1971). From probability learning to sequential processing: A critical review. *Psychological Bulletin*, *76*, 153-185.

Jones, M.R. (1976). Levels of structure in the reconstruction of temporal and spatial serial patterns. *Journal of Experimental Psychology: Human Learning and Memory*, *2*, 475-488.

Knighton, C.J. & Burns, R.A. (1991). Numerical and sensory categorization of serial information by animals. *Perceptual and Motor Skills, 72,* 11-17.

Koehler, O. (1951). The ability of birds to count. *Bulletin of Animal Behaviour*, *9*, 41-45.

Koehler, O. (1956). The ability of birds to "count". In J.R. Newman (Ed.), *The world of mathematics* (Vol.1). New York: Simon & Schuster, pp.489-496.

Koteskey, R.L., & Hendrix, M.M. (1971). Increased resistance to extinction as a function of double and single alternation and of subsequent continuous reinforcement. *Journal of Experimental Psychology*, *88*, 423-428.

Kotovsky, K., & Simon, H.A. (1973). Empirical tests of a theory of human acquisition of concepts for sequential patterns. *Cognitive Psychology*, *4*, 399-424.

Ladd, G. L., & Woodworth, R. S. (1911). *Elements of physiological psychology*. New York: Scribners.

Lashley, K.S. (1951). The problem of serial order in behavior. In L. A. Jeffress (Ed.), *Cerebral mechanisms in behavior* . New York: Wiley. pp.112–131.

Leonard, D.W. (1969). Amount and sequence of reward in partial and continuous reinforcement. *Journal of Comparative and Physiological Psychology, 67*, 204-211.

Leung, C.M., & Jensen, G.D. (1968). Shift in percentage of reinforcement viewed as changes in incentive. *Journal of Experimental Psychology, 76*, 291-296.

Lewis, D. J. (1960). Partial reinforcement: A selective review of the literature since 1950. *Psychological Bulletin*, 57, 1-28.

Mandler, G., & Shebo, B.J.（1982）. Subitizing: An analysis of its component processes. *Journal of Experimental Psychology: General*, *111,* 1–22.

McCain, G. (1966). Partial reinforcement effects following a small number of acquisition trials. *Psychonomic Monograph Supplements*, 1 (Whole No. 12), New York: Academic Press. 251-270

McGeoch, J.A., & Iron, A.L.（1952）. *The psychology of human learning.* New York: Longmans, Green & Co.

Mechner, F.（1958）. Probability relations within response sequences under ratio reinforcement. *Journal of the Experimental Analysis of Behavior, 1,* 109-121.

Mellgren, R. L., Lombardo, J. P., Wrather, D. M., & Weiss, R. F. (1973). Partial reinforcement effect: The expectancy of reward on nonreward trials. *Animal Learning & Behavior, 1,* 105–108.

Miller, G.A.（1956）. The magical number seven, plus or minus two: Some limits on our capacity for processing information. *Psychological Review*, *63*, 81-97.

Morris, M.D., & Capaldi, E.J. (1979). Extinction responding following partial reinforcement: The effects of number of rewarded trials and magnitude of reward. *Animal Learning & Behavior, 7,* 509-513.

Mower, O.H., & Jones, H. (1945). Habit strength as a function of the pattern of reinforcement. *Journal of Experimental Psychology, 35,* 293-311.

Muller, G.E., & Schumann, F. (1894). Experimentelle beitrage zur untersuchung des gedachtnisses. *Zeitschrift fur Psychologie und Physiologie der Sinnesorgane, 6,* 81-90; 257 -339.

Muller, M. D., & Fountain, S. B. (2010). Concurrent cognitive processes in rat serial pattern learning: Item memory, serial position, and pattern structure. *Learning and Motivation, 41,* 252-272.

Muller, M. D., & Fountain, S. B. (2016). Concurrent cognitive processes in rat serial pattern learning: II. Discrimination learning, rule learning, chunk length, and multiple-item memories. *Journal of the Experimental Analysis of Behavior, 105,* 155-175.

Neath, I., & Capaldi, E.J. (1996). A "random-walk" simulation model of multiple pattern learning in a radial-arm maze. *Animal Learning & Behavior, 24,* 206-210.

Olton, D.S. (1978). Characteristics of spatial memory. In S.H. Hulse, H. Fowler, & W.K. Honig (Eds.), *Cognitive Processes in Animal Behavior,* Hillsdale, NJ: LEA, pp.341-373.

Olton, D. S., Shapiro, M. L., & Hulse, S. H. (1984). Working memory and serial patterns. In H. L. Roitblat, T. G. Bever, & H. S. Terrace (Eds.), *Animal Cognition.* Hillsdale, NJ: Erlbaum. pp.171-182.

Padilla, A. M. (1967). A few acquisition trials: Effects of magnitude and percent reward. *Psychonomic Science, 9,* 241-242.

Page, S.C., Hulse, S.H., & Cynx, J. (1989). Relative pitch perception in the European Starling (*Sturnus vulgaris*): Further evidence for an elusive phenomenon. *Journal of Experimental Psychology; Animal Behavior Processes, 15,* 137-146.

Pavlov, I. P. (1927). *Conditioned reflexes: an investigation of the physiological activity of the cerebral cortex.* Oxford Univ. Press.

Pepperberg, I.M. (1987). Evidence for conceptual quantitative abilities in the African gray parrot: Labeling of cardinal sets. *Ethology, 75,* 37-61.

Pickens, L. R. G., Rowan, J. D., Bevins, R. A., & Fountain, S. B. (2013). Sex differences in adult cognitive deficits after adolescent nicotine exposure in rats. *Neurotoxicology and Teratology, 38,* 72-78.

Rescorla, R.A., & Wagner, A.R. (1972). A theory of Pavlovian conditioning: Variations in the effectiveness of reinforcement and nonreinforcement. In A.H. Black & W.F. Prokasy (Eds.), *Classical Conditioning II.* Appleton-Century Crofts. pp. 64-99.

Restle, F. (1970). Theory of serial pattern learning: Structural trees. *Psychological Review, 77,* 481-495.

Restle, F. (1972). Serial patterns: The role of phrasing. *Journal of Experimental Psychology, 92,* 385-390.

Restle, F. (1976). Structural ambiguity in serial pattern learning. *Cognitive Psychology, 8,* 357-381.

Restle, F., & Brown, E.R. (1970). Serial pattern learning. *Journal of Experimental Psychology, 83,* 120-125.

Restle, F., & Burnside, B. L. (1972). Tracking of serial patterns. *Journal of Experimental Psychology, 95,* 299-307.

Robbins, D. (1971). Partial reinforcement: A selective review of the alleyway literature since 1960. *Psychological Bulletin, 76,* 415–431.

Roitblat, H.L., Pologe, B., & Scopatz, R. A. (1983). The representation of items in serial position. *Animal Learning & Behavior, 11,* 489-498.

Rowan, J. D., Fountain, S. B., Kundey, S. M. A., & Miner, C. L. (2001). A multiple species approach to sequential learning: Are you a "man or a mouse"? *Behavior Research Methods, Instruments, and Computers, 31,* 435-439.

Rowan, J. D., McCarty, M. K., Kundey, S. M. A., Osburn, C. D., Renaud, S. M., Kelley, B. M., Matoushek, A. W., & Fountain, S. B. (2015). Adolescent exposure to methylphenidate impairs serial pattern learning in the serial multiple choice (SMC) task in adult rats. *Neurotoxicology and Teratology, 51,* 21-26.

Schwartz, B. (1982). Reinforcement-induced behavioral stereotypy: How not to teach people to discover rules. *Journal of Experimental Psychology: General, 111,* 23-59.

Self, R., & E. A. Gaffan, E.A. (1983). An analysis of serial pattern learning by rats. *Animal Learning & Behavior, 11,* 10-18.

Seligman, M.E.P., & Meyer, B. (1970). Chronic fear and ulceration in rats as a function of unpredictability of safety. *Journal of Comparative & Physiological Psychology, 73,* 202–207.

Seybert, J.A., Bear, L.P., Hervey, R.J., Ldwig,K., & Gerard, I.C. (1979). Resistance to extinction as a function of percent of reward: A reinforcement level interpretation. *Animal Learning & Behavior, 7,* 233-238.

Sharp, J.L., Miller-Cahill, M.E., Renaud, S.M., Kundey, S.M.A., Kelley, B.M., Matoushek, A.W., Dyer, K.H., Jackman, C.C., Fountain, S.B., & Rowan, J.D. (2019). Adolescent exposure to fluoxetine impairs serial pattern learning in the serial multiple choice (SMC) task in adult rats. *Neurobiology of Learning and Memory, 164,* 1-5.

Sheffield, F.D. (1951). The contiguity principal in learning theory. *Psychological Review, 58,* 362-367.

Sheffield, V.F. (1949). Extinction as a function of partial reinforcement and distribution of practice. *Journal of Experimental Psychology, 39,* 511-526.

Simon, H.A., & Kotovsky, K. (1963). Human acquisition of concepts for sequential patterns. *Psychological Review, 70,* 534-546.

Skinner, B.F. (1934). The extinction of chained reflexes. *Proceedings of the National Academy of Sciences, 20,* 234-237.

Spear, N.E. (1978). *Processing of memories: Forgetting and retention.* Hillsdale, NJ: Erlbaum.

Spear, N. E., & Spitzner, J. H. (1967). Effect of initial nonrewarded trials: Factors responsible for increased resistance to extinction. *Journal of Experimental Psychology, 74,* 525–

537.

Spence, K.W.（1956）. *Behavior theory and conditioning.* Yale University Press.

Stanley, W. C. (1952). Extinction as a function of the spacing of extinction trials. *Journal of Experimental Psychology, 43*, 249-260.

Stempowski, N. K., Carman, H. M., & Fountain, S. B. (1999). Temporal phrasing and overshadowing in rat serial-pattern learning. *Learning and Motivation, 30*, 74-100.

Straub, R.O., & Terrace, H. S.（1981）. Generalization of serial learning in the pigeon. *Animal Learning & Behavior, 9*, 454-468.

Sutherland, N. S., & Mackintosh, N. J. (1971). *Mechanism of animal discrimination learning.* New York: Academic Press.

Sutherland, N. S., Mackintosh, N. L., & Wolfe, J. B. (1965). Extinction as a function of the order of partial and consistent reinforcement. *Journal of Experimental Psychology, 69*, 56-59.

Suzuki, K. & Kobayashi, T. (2000). Numerical Competence in Rats (Rattus norvegicus): Davis and Bradford (1986) extended. *Journal of Comparative Psychology, 114*, 73-85.

Szelest, I. & Cohen, J. S.（2006）. Effects of forced-choice runway variations on rats' T-maze serial pattern learning. *Learning & Behavior, 34*, 202-214.

Theios, J.（1962）. The partial reinforcement effect sustained through blocks of continuous reinforcement. *Journal of Experimental Psychology, 64*, 1-6.

Traupman, K.L. Amsel, A., & Wong, P.T.P.(1973). Persistence early and late in extinction as a function of number of continuous reinforcements preceding partial reinforcement training. *Animal Learning & Behavior, 1*, 219-222.

Tyler, D.W., Wortz, E.C., & Bitterman, M.E.（1953）. The effect of random and alternating partial reinforcement on resistance to extinction in the rats. *American Journal of Psychology, 66*, 57- 65.

Wagner, A. R. (1961). Effects of amount and percentage of reinforcement and number of acquisition trials on conditioning and extinction. *Journal of Experimental Psychology, 62*, 234-242.

Wallace, D. G., Rowan, J. D., & Fountain, S. B.（2008）. Determinants of phrasing effects in rat serial pattern learning. *Animal Cognition, 11*, 199-214.

Weinstock, S. (1954). Resistance to extinction of a running response following partial reinforcement under widely spaced trials. *Journal of Comparative & Physiological Psychology, 47*, 318-322.

Weinstock, S.（1958）. Acquisition and extinction of a partially reinforced running response at a 24-hour intertrial interval. *Journal of Comparative & Physiological Psychology, 56*, 151-158.

Wike, E.L., & King, D.D.（1973）. Sequences of reward magnitude and runway performance. *Animal Learning & Behavior, 1*, 175 -178.

Willingham, D. B.（1998）. A neuropsychological theory of motor skill learning. *Psychological Review, 105*, 558-584.

Woodworth, R.S. (1938). *Experimental Psychology*. New York: Holt.

Wright, A.A.（1992）. Testing the cognitive capacities of animals. In I. Gormezano, & E.A. Wasserman（Ed.）*Learning and memory: The behavioral and biological substrates.* Hillsdale, NJ, England: Lawrence Erlbaum Associates, Inc, pp. 45-60.

Wynn, K.（1992）. Addition and subtraction by human infants. *Nature, 358*, 749 - 750.

矢澤久史 (1984). ラットの強化パターン学習に及ぼす試行間間隔の効果(1)－ 5 N R スケジュールの場合　日本動物心理学会第 44 回大会発表.

矢澤久史 (1985). 部分強化理論の展開　東海女子大学紀要, *5*, 61-72.

矢澤久史 (1986). ラットにおける系列学習研究の動向(1)　－ S.H. Hulse と E.J. Capaldi の対立－　東海女子大学紀要, *6*, 171-181.

矢澤久史 (1990). ラットの強化パターン学習に及ぼす系列付加間隔の効果　心理学研究, *61*, 314-321.

矢澤久史 (1991). ラットの強化パターン学習における分節化と試行間間隔との関係　心理学研究, *62*, 24-30.

矢澤久史 (1992). ラットにおける系列学習研究の動向(2)　－1980 年代の展開－　東海女子大学紀要, *12*, 227-239.

矢澤久史 (1993). ラットの強化パターン学習における短い試行間間隔による分節化　心理学研究, *64*, 67-71.

矢澤久史 (1995). ラットの系列パターン学習における短い試行間間隔による分節化　心理学研究, *66*, 373-378.

矢澤久史（1998）. 部分強化、系列パターン学習、チャンク：ラットにおける強化系列学習　心理学評論, *41*, 372-388.

矢澤久史 (2012). ラットにおける系列学習研究の動向(3) －系列位置学習－　東海学院大学紀要, *6*, 315-324.

矢澤久史 (2013a). ラットにおける系列学習研究の動向(4) －計数－　東海学院大学紀要, *7*, 193-201.

矢澤久史 (2013b). ラットにおける系列学習研究の動向(5) －チャンキング－　東海学院大学紀要, *7*, 203-214.

矢澤久史 (2018). ラットにおける系列学習研究の動向(6) －Fountain の研究を中心に－　名古屋短期大学研究紀要, *56*, 193-210.

Yazawa H., & Fujita, O.（1984）. Reinforcement pattern learning : Do rats remember all prior events? *Animal learning & Behavior*, *12*, 383-390.

矢澤久史・藤田統（1992）. ラットの系列パターン学習に及ぼす走行間間隔の効果　心理学研究, *63*, 128-132.

著者紹介

矢澤久史（やざわ　ひさし）

静岡県静岡市生まれ

筑波大学第二学群人間学類心理学専攻　卒業

筑波大学大学院心理学研究科博士課程　修了

東海学院大学人間関係学部心理学科教授

　　及び　東海学院大学大学院人間関係学研究科教授を経て

現在　名古屋短期大学現代教養学科教授

　　　　教育学博士

　　　　臨床心理士

　　　　公認心理師

動物の系列学習心理学

2020年8月13日 　 初 版 発 行

著 者 　 　 矢 澤 　 久 史

定価(本体価格2,000円+税)

発行所 　 　 株 式 会 社 　 三 恵 社
〒462-0056 愛知県名古屋市北区中丸町2-24-1
TEL 052 (915) 5211
FAX 052 (915) 5019
URL http://www.sankeisha.com

ISBN978-4-86693-266-8 C3011 ¥2000E